포기 대신 죽기 살기로

포기 대신 죽기 살기로

초판 1쇄 발행 · 2012년 10월 31일
초판 10쇄 발행 · 2012년 11월 9일

지은이 · 송진구
펴낸이 · 이춘원
펴낸곳 · 책이있는마을
기　획 · 강영길
편　집 · 임유란
디자인 · 디자인오투
마케팅 · 김동백
관　리 · 정영석

주　소 · 경기도 고양시 일산동구 장항2동 753 청원레이크빌 311호
전　화 · (031) 911-8017
팩　스 · (031) 911-8018
등록일 · 1997년 12월 26일
등록번호 · 제10-1532호

잘못된 책은 구입하신 서점에서 교환해 드립니다.
ISBN 978-89-5639-195-3 (13320)

Never ever give up!
● 희망 + 절망 = 100!

포기 대신 죽기 살기로

송진구 지음

책이있는마을

차 례
CONTENTS

프롤로그 삶은 살아지는 것이 아니라 살아내는 것입니다 … 7

제1장 스스로 삶의 손을 놓다, 자살

자살을 꿈꾸는 사람들 … 11
자살에 관한 연구 … 19
자살에 관한 몇 가지 오해 … 25
위기가 보내는 신호 … 38
자살의 위험인자 … 41
우울증 자가진단 … 45

제2장 삶을 이끄는 6가지 위대한 원리 희망

모든 결과에는 원인이 있다 … 51
희망 + 절망 = 100(희절백) … 54
생각의 근원을 바꿔야 희망이 보인다 … 62
절실한 희망은 이루어진다 … 68
희망, 그 놀라운 도미노 … 75
희망학교의 꿈 … 78
목표를 만드는 방법 … 82
꿈을 이루는 5가지 단계 … 89
희망의 끈을 놓지 않은 사람들① ― 김광석 참존 회장 … 91

제3장 삶을 이끄는 6가지 위대한 원리 도전

신념, 상식을 뒤엎다 … 99
도전의 조건 … 104
포기하지 않으면 반드시 뚫린다 … 109
절대, 절대로 포기하지 마라 … 117
목숨을 건 개구리 … 120
세상을 바꾼 도전 … 124
행복의 근원은 몰입 … 129
습관을 만드는 운동의 법칙 … 132
도전의 유효기간 … 136

희망의 끈을 놓지 않은 사람들② ― 이환용 평강 한의원 원장 … 140

제4장 삶을 이끄는 6가지 위대한 원리 소통

털어놓아라, 그러면 길이 보인다 … 147
미처 피지 못하고 지다, 청소년의 자살 … 153
소통의 부재가 만든 사회병, 왕따 … 158
나라보다 자신을 지키는 법을 먼저 … 162
익혀야 하는 사람들, 군인의 자살 … 162
소통으로 팔자고치기 … 168
소통의 핵심은 시각적인 요소와 이미지 … 171
소통의 출발은 경청이다 … 176
상대의 성격 파악하기 … 180

제5장 삶을 이끄는 6가지 위대한 원리 돈

돈의 아이러니 … 189
돈, 돈, 돈 … 194
돈 버는 방법을 학습하라 … 199
사장의 마인드로 무장하라 … 206
창의력은 돈이다 … 209
저축이 부자를 만든다 … 213
부채청산 7원칙 … 218
부자의 조건 … 222

제6장 삶을 이끄는 6가지 위대한 원리 인맥

진정한 인맥 … 231
인맥의 3가지 법칙 … 236
인맥 카지노를 탈출하라 … 246

제7장 삶을 이끄는 6가지 위대한 원리 감사

삶은 고해다 … 253
타인을 인정하고 감사하라 … 259
적에게 감사하라 … 265
베풀면 돌아온다 … 269
이드, 자아, 초자아의 싸움 … 275

에필로그 당신은 어떤 개구리로 살아가겠습니까? … 278

프롤로그

삶은 살아지는 것이 아니라
살아내는 것입니다.

세월의 등에 업혀 아침이 되면 일어나고, 밤이 되면 잠자리에 들며 그럭저럭 시간만 보내는 것이 아니라, 꿈을 가슴에 품고 희망을 향해 한발 한발 발걸음을 옮기는 것입니다, 살아간다는 것은.

하지만 살아가다 보면 삶에 지치고, 사람에 치이고, 뜻대로 되지 않아 실망하게 되는 일이 많습니다. 그런 고통스런 현실을 차마 마주하지 못하고 끝내 무릎을 꿇는 사람들, 그들의 최후의 선택은 세상에서 가장 비극적인 죽음인 자살입니다. 자살을 하게 되면 모든 고통으로부터 단절될 것이라는 생각 때문이지요. 하지만 자살은 절대로 해답이 될 수 없습니다.

더 이상 물러날 곳 없는 삶의 버랑 끝.
더 이상 의지할 곳 없는 인생의 낭떠러지.

그 끝에서 눈물을 흘려보지 않은 사람이 몇이나 될까요? 황새의 목구멍 같은 시커먼 절망과 싸워야 하는 개구리의 그림은 어쩌면 지금 우리의 자화상인지도 모릅니다. 이 자화상의 다음 편은 당신 스스로 그리게 될 것입니다. 당신 손에 들려진 비장의 무기를 멋지게 뽑아 들고 무력하게 널브러진 황새의 앞에서 기세 등등한 모습을 한 개구리의 모습이 될 수도, 당신이 무기를 들고 있다는 사실조차 깨닫지 못하고 황새의 뱃속에 웅크리고 앉은 개구리의 모습이 될 수도 있습니다.

포기하지 마십시오. 절대로 포기하지 마십시오. 당신에게는 아직 당신이 미처 발견하지 못한 비장의 무기가 있습니다. 이 절망의 세상을 헤쳐나갈 단 하나의 비장의 무기, 이 책은 당신이 비장의 무기를 찾을 수 있도록 도와주는 안내서일 따름입니다. 통찰력을 발휘해서 이 위기를 돌파할 무기를 찾아보시기 바랍니다.

송진구 dream

제1장

스스로 삶의 손을 놓다
자살

- 자살을 꿈꾸는 사람들
- 자살에 관한 연구
- 자살에 관한 몇 가지 오해
- 위기가 보내는 신호
- 자살의 위험인자
- 우울증 자가진단

자살을 꿈꾸는 사람들

그 누군들 자살을 꿈꾸지 않았으랴

삶은 외롭고 고달픈 것이니

그대는 지금 그 서러운 길 위에서

절망하고 있다

절망이란 무엇인가?

문자 그대로 희망이 없는 것이니

그대여

우리의 인생사 서러워라

차가운 세상사

무한히 서러워라

— 이외수 '자살을 꿈꾸는 그대에게' 중에서

살아가면서 누구나 한 번쯤은 자살의 충동을 느껴보았을 것입니다. 더 이상 희망이 없다고 생각될 때, 앞으로의 삶이 차라리 죽음보다 못하다고 여겨질 때, 모든 것을 떨쳐버리고 영원하고도 깊은 잠으로 빠져들고 싶은 유혹을 느낍니다.

자살은 산업사회의 발전에 따라 비례하여 증가하는 현상을 보여왔습니다. 경제적인 풍요와 자유가 보장되는 나라에서 오히려 자살률이 더 증가하고, 먹고 살기가 고단한 국가에서는 자살률이 낮게 나타납니다.

왜 이런 현상이 일어나는 것일까요? 그 이유 중 하나는 산업화의 풍요로움이 모든 사람에게 동일하게 주어지지 않는 현실 때문입니다. 풍요로움에서 오는 상대적 빈곤 때문에 자살하는 사람이 많은 것이지요. 또한 연대의식이 높은 조직일수록 자살률이 낮은데, 종교를 가진 사람들이 자살률이 낮은 이유가 그것입니다.

지구촌에서는 40초 당 1명 꼴, 즉 매년 100만 명이 자살을 합니다. 우리나라는 자살률 세계 1등 국가입니다. 2009년 우리나라에서는 매일 약 1,100여 명이 자살을 시도하고, 42명씩 일 년에 15,566명이 스스로 목숨을 끊었습니다. 이 수치는 전쟁보다 심각합니다. 2003년 3월 이라크 전쟁 발발 이후 7년 5개월 동안 전사한 미군이 4,418명이었으니까요.

2003년, 우리나라 자살률이 OECD 회원국들 중 1위를 차지했습니다. 그로부터 지금까지 1등의 자리를 내어주지 않고 있습니다. 하지만 심각한 문제는 자살률만이 아닙니다. 그보다 더 관심을 기울여야 하는 것은 바로 '자살률 상승 속도'입니다.

OECD 자료에 따르면 우리나라의 1990년~2006년까지의 자살증가율은 172퍼센트입니다. 33개 OECD 회원국들 중 압도적인 1위이지요. 10만 명 당 31명이 자살하는 것으로 10년 전인 1989년(3천133명)과 비교하면 무려 5배 이상 증가한 셈입니다.

우리나라의 자살률이 세계최고를 기록하는 이유는 우울증 같은 정신적 문제, 실직이나 직장 등 경제문제, 질병 등 육체문제, 남녀문제나 가정불화 같은 대인관계문제 등 여러 가지가 복합적으로 얽혀 있기 때문입니다.

최근 자살률이 급격하게 증가한 원인을 세대별로 구분해보면, 청소년층은 학업에서 받는 스트레스, 지나친 입시경쟁으로 인한 상대적 열등감, 소통의 부재에서 오는 소외 문제(왕따), 다양성을 인정하지 않는 이분법적인 논리, 인격적 모멸감으로 인한 자존심 손상, 갈등 및 스트레스 해소방법 부재, 가족과의 갈등 등이 대부분입니다.

군인들은 상급자로부터의 모욕과 폭언, 동료들로부터의 왕따, 부모 간의 관계악화, 애인의 변심 등으로부터 오는 심리적 혼란을 군인의 신분으로는 해결할 방법이 없기 때문에 무력감을 느끼고 자살충동을 느낍니다.

청년층은 극심한 취업난, 실직, 실패를 용납하지 않는 성공지상주의 때문에 자살을 생각합니다.

중장년층은 고용불안에서 오는 심리적 불안, 실직에서 오는 빈곤, 빈부격차로 인한 상실감, 물질만능주의로 인한 인명경시풍조, 노후문제,

생활빈곤으로 유발된 우울증 등이 자살의 주요 원인이라고 할 수 있습니다.

◆ 2009년 경찰청 자살통계

구 분	비율(퍼센트)
우울증과 같은 정신적 문제	28.3
경제적, 직장 문제	22.8
육체적 질병	21.9
남녀문제, 가정불화	19.6

◆ 우리나라 자살 사망률
(인구 10만 명 당 자살 사망자)

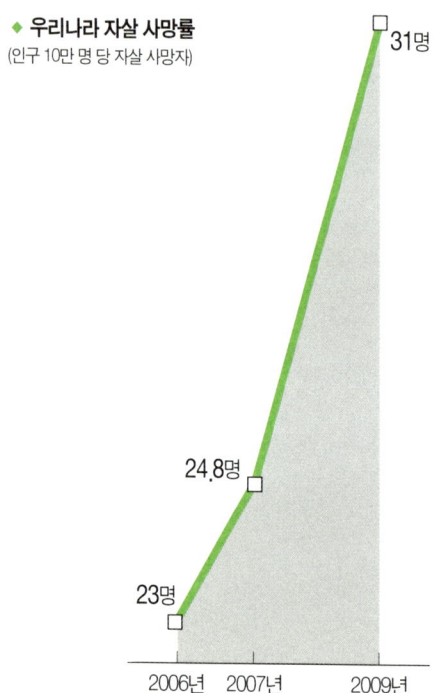

우리나라의 자살은 10대~30대까지 사망원인 1위, 40대와 50대는 사망원인 2위를 차지하고 있습니다. 특히 70대 이상 남성의 자살률이 크게 높아졌습니다.

통계청이 발표한 '2010년 사망원인 통계'에 따르면 지난해 자살에 의한 사망자수는 총 15,566명입니다.

◆ 자살자 및 자살률 추이(1983년~2010년)

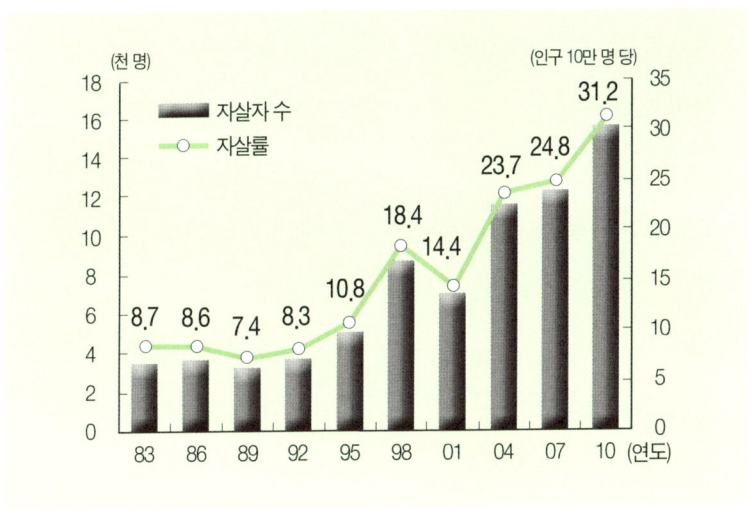

인구 10만 명 당 자살자를 나타내는 자살사망률은 31.2명으로 사상 최고였습니다. 일일 평균 자살자는 42.6명을 기록했습니다. 자살률은 90년 초반 이후 증가하다 1998년을 기점으로 감소했지만 2000년 이후 다시 증가하는 추세를 보이고 있습니다. 특히 남성 자살률이 크게 증가했습니다. 남성 자살률 증가는 노인층의 자살이 크게 늘어난 데 따른 것입니다.

우리나라 국민 6명 중 1명은 살아오면서 자살을 심각하게 고려한 적이 있다고 응답했습니다. 전국 6,510명의 일반인을 대상으로 한 연구결과입니다. 전체 응답자의 3.2퍼센트는 실제 자살을 시도한 적이 있다고 응답했습니다. 두 번 이상 시도한 사람도 1.1퍼센트를 차지했습니다.

한국자살예방협회 하규섭 회장(분당 서울대병원)에 의하면 "자살을 한 번이라도 시도했던 사람은 항상 자살을 생각한다. 죽겠다는 마음이 생기면 유혹을 벗어나기가 힘들다."고 말합니다. 자살 시도자를 우리나라 인구 수(5,066만여 명)에 적용하면 162만여 명이 자살 고위험군인 셈입니다.

그렇다면 사람들은 언제 자살을 생각하게 될까요?

사람들이 스스로 목숨을 끊으려고 마음먹는 것은 무엇 때문일까요?

저마다 그 이유도 다양하겠지만 대부분 크고 작은 실패를 겪으면서 삶에 대한 의지를 잃게 되는 경우가 대부분일 것입니다. 사업이든, 사랑이든, 무엇이든 자신들이 뜻했던 바를 이루지 못했을 때 절망하고, 삶을 포기하고 싶다는 생각을 하게 될 것입니다.

제가 만난 많은 사람들 중, 특히 기업가 중의 9할 이상은 자살에 대해 심각하게 고려했었다고 합니다. 구체적인 시기와 계획까지, 그야말로 행동에 옮기기만 하면 되는 단계까지 갔었다고 합니다. 삶의 벼랑 끝까지 갔다고 봐도 좋을 사람들이었죠. 그러나 그들이 생각을 바꾸고 다시 한번 살아봐야겠다는 용기를 갖게 된 이유가 있었습니다.

'관점의 전환'이 그 이유였습니다. 자신을 죽음의 벼랑 끝으로 몰고 갔던 그 문제가 결국은 자신을 다시금 살게 한 요인으로 변한 것입니다. 바로 '책임'이라는 두 글자가 그들의 손을 놓아주지 않았던 것입니다. 자신만 믿고 따르던 가족과 직원들에 대한 책임이었습니다.

노르웨이 연구에서 100만 명의 여성을 15년 동안 추적 조사한 결과 약 1,000명의 여성이 자살했다고 합니다. 그런데 이 중 자녀가 '있는' 여성들은 자녀가 '없는' 여성들보다 자살률이 뚜렷하게 낮았습니다. 그리고 자녀가 많아질수록 자살률이 더 낮아지는 현상을 보였습니다. 자녀가 6명 이상인 여성은 다른 여성에 비해 자살률이 20퍼센트에 머물렀습니다.(호이어와 룬드, 1993년)

왜 이러한 결과가 나왔을까요? 굳이 길게 설명하지 않아도 미루어 짐작할 수 있을 것이라 생각합니다. 바로 자신을 믿고 자신에게 의지하는 자녀들에 대한 '책임'과 자신이 한 가정의 중요한 인물이라는 '소속감'이 그들을 자살의 위험으로부터 보호했던 것입니다.

기쁨에 겨워, 매 순간 짜릿한 행복감에 젖어 사는 사람이 몇이나 될까요? 어떤 사람은 자신이 돌보지 않으면 연명하지 못할 병석의 노모 때문에, 어떤 사람은 움직이지 못하는 장애를 가진 딸 때문에, 어떤 사람은 아들의 다음 학기 학비 때문에 죽지 못해 살아갑니다.

자살에 실패한 사람들은 이구동성으로 말합니다.

"죽으면 매우 편안해질 거라고 생각을 했었습니다. 골치 아픈 모든 것이 끝나는 것이니까요."

다리에서 투신 후 극적으로 생존한 사람들의 증언에 의하면 물에 닿는 짧은 시간 동안 이런 생각이 떠오른답니다.

"아! 세상에서 인간이 바꾸지 못할 것이 없겠구나. 지금 뛰어내린 이 상황 빼고는."

자살을 시도했다가 다시 살아난 사람들은 대부분 자신의 행동을 후회한다고 합니다.

사람은 자신이 어떤 조직이나 구성원에 소속되지 않았다는 외로움, 더 나아가서 자신이 그들에게 부담스러운 존재라는 생각이 들면 자살을 심각하게 고려합니다. 결국 삶에 대한 애착을 잃어버리게 되고, 안타까운 선택을 하는 것입니다.

자살을 예방하려면 자신이 살아가야 하는 이유를 분명하게 설정하고, 자신이 타인들과 견고하게 연결되어 있으며, 다른 사람들에게 기쁨이 된다는 것을 마음속 깊이 새겨두어야 합니다.

자살에 관한 연구

학교에서 집단 따돌림을 받던 학생의 자살, 군 생활에 적응하지 못한 군인의 자살, 생활고를 비관하던 가장 혹은 일가족의 자살. 이런 기사들은 더 이상 우리를 놀라게 하거나 슬프게 하지 않습니다. 그만큼 우리는 스스로 목숨을 끊는 일에 무뎌져 가고 있습니다.

하지만 이것은 두 손을 놓고 구경만 하기에는 사태가 심각해지고 있다는 것을 의미하기도 합니다. 적을 알면 백전백승이라는 말처럼 더 늦기 전에 자살에 대해 적극적인 연구와 예방책을 강구해야 합니다.

자살自殺의 사전적 정의는 '정신질환이나 좌절·절망, 불명예 등으로부터 벗어나기 위해 자신의 생명을 스스로 포기하는 행위'입니다. 인류 역사상 가장 금기시돼왔고 치욕적으로 여겨왔던 것은 살인이 아니었습니다. 바로 자살이었습니다.

자살에 대한 문제만큼 동서양의 사고방식 차이를 극명하게 보여주는 것도 드뭅니다.

사회학의 창시자인 프랑스의 에밀 뒤르켐은 자살을 이기적 자살과 이타적 자살로 구별했습니다.

유교문화권에서 자살은 일반적으로 자신 스스로의 동기로 인한 이기적 자살이 아니라, 민족이나 국가 등의 대의나 이념을 실현하기 위한 이타적 자살입니다. 그런 이유로 자살이 치욕스러운 행위이거나 금지된 행동으로 받아들여지지만은 않았습니다. 우리나라에도 대의를 이루고, 혹은 대의를 채 이루지 못해 스스로 목숨을 끊은 열사들이 많이 있습니다.

자살에 관한 원인과 이유도 학자에 따라 주장이 다릅니다. 에밀 뒤르켐은 1897년 펴낸 『자살론』에서 개인이 사회적응에 실패하면 자살 가능성이 높다고 주장하였고, 오스트리아 정신분석학자인 지그문트 프로이트는 1920년 펴낸 『쾌락의 원칙을 넘어서』에서 '모든 인간은 자기를 파괴하려는 충동을 타고났기 때문에 자살한다'고 주장하였습니다.

뒤르켐이나 프로이트의 주장처럼 대부분 심리적으로 불안하고, 자포자기하여 우울증이나 정신분열증과 같은 정신적 장애를 자살요인으로 꼽고 있습니다. 하지만 어느 누구도 자살의 근본적인 이유와 원인, 또 그에 따른 예방책에 대해서는 명쾌하고 근본적인 해답을 내리지 못하고 있습니다.

자살 행동치료 전문가인 토머스 조이너는 2000년 『왜 사람은 자살하는가』에서 우울증을 앓고 절망에 빠진 사람들 중에서 자살하는 사람은 다음의 두 가지 조건을 충족시킬 때 자살에 성공한다고 적어놓았습니다.

첫째, 죽음에 관한 확고한 의지가 있어야 한다.

둘째, 스스로 목숨을 끊을 능력을 갖고 있어야 한다.

'죽음에 관한 확고한 의지'는 사회적으로 고립되거나 단절되었다고 느껴 자신이 타인에게 부담스런 짐이 되었다고 느낄 때 드는 심정입니다.

'스스로 목숨을 끊을 능력을 갖고 있어야 한다'는 말은 아무리 자살하고 싶어도 막상 행동으로 옮기기는 쉽지 않다는 뜻으로 인간은 스스로 생존하고자 하는 자기보존능력이 강력하다는 의미입니다.

조이너는 자살자가 자살을 방어하는 자기보존능력을 이겨내기 위해 다음과 같은 두 가지 방법으로 힘을 키운다고 주장합니다.

첫째, 자살이 성공할 때까지 시도를 되풀이하는 것입니다. 대부분 처음 시도로 자살에 성공하기는 힘들고 평균 약 20여 회 행동에 옮길 때 자살에 성공합니다.

둘째, 고통스런 경험에 익숙해지는 것입니다. 경찰이나 군인은 보통 사람보다 자살비율이 높게 나타나는데, 총을 맞아보았거나 동료가 살해되는 장면을 많이 목격했기 때문에 자신의 죽음도 자연스럽게 받아들입니다. 의사 역시 환자의 죽음을 자주 목격하기 때문에 자살률이 높게 나타납니다. 조이너는 사람이 죽어가는 등 보통 사람들이 겁먹는 상황에서도 감정의 동요를 일으키지 않는 심리상태를 무감각이라 칭하고, 이런 무감각을 나타내는 사람이 자살하게 된다고 설명합니다.

다음 13항목 중 사실이라고 느끼는 항목에 O, 사실이 아니라고 생각하는 항목에 X표시를 해보기 바랍니다.

구분	질 문	확인
1	자살하겠다고 말하는 사람은 결코 자살하지 않는다.	
2	자살할지도 모른다고 말하는 사람은 관심을 끌기 위해 그렇게 말할 뿐이므로 무시하는 것이 가장 좋다.	
3	자살은 아무 예고 없이 갑자기 일어날 때가 많다.	
4	괴로워하고 있는 사람에게 자살에 관한 이야기를 하는 것은, 병적인 생각을 갖게 하기 때문에 그만두는 것이 좋다.	
5	정신과 치료를 받고 있는 사람이 자살을 하는 경우는 거의 없다.	
6	자살하는 사람은 정신질환자이다.	
7	자살은 가계의 영향이 크고 또 자살 경향은 유전이기 때문에 피할 수 있는 방법이 없다.	
8	우울증으로 자살의 우려가 있던 사람이 갑자기 기분이 좋아졌다. 그 사람은 대단히 유쾌하고, 예전보다 행복해 보였다. 이제는 자살할 염려는 없는 듯하다.	
9	한 번 자살을 시도해 실패한 사람은 고통과 수치심 때문에라도 다시 시도를 하지는 않는다.	
10	한 번 자살에 실패했더라도 결국은 자살에 성공할 것이다.	
11	일단 자살하겠다고 마음먹은 사람을 멈추게 할 수단은 없다.	
12	자살하는 사람은 주로 앞으로 2,3년밖에 살 수 없는 노인들이다.	
13	우리 집 형제나 아이들이 자살할 리가 없다.	

13개 항목의 정답은 모두 X입니다. 이 질문은 모두 자살에 대한 사실이 아닙니다. 이 문항들은 정신과의사 Giffin이 일반 사람들이 자살에 대해 품고 있는 13가지의 오해를 정리한 것입니다.

자료에 의하면 자살은 아무런 신호 없이 갑자기 이루어지는 것이 아닙니다. 자살하려는 사람은 살고 싶다는 욕구와 죽고 싶다는 욕구 사이에서 갈등하고 있습니다. 이러한 갈등상태에서 보내주는 자살의 신호는 죽고 싶다는 욕구가 아니라 살고 싶다는 욕구의 표현입니다. 따라서 그러한 시그널을 무시하지 않고 적절히 대응을 한다면 자살을 예방할 수 있습니다.

Giffin은 자살의 신호는 보통 다음과 같은 3단계로 나뉘어진다고 설명합니다.

■ 일반적인 위험신호

이것들은 자살 특유의 사인은 아니지만 자살의 배경이 됩니다.

> **공격적이거나 반항적인 행동을 한다.**
> 알코올이나 약물을 남용한다.
> **갑자기 주위사람에게 온순해진다.**
> 과식이나 거식 등 식습관이 변한다.
> **새벽 일찍 일어나거나 불면에 빠지는 등 수면습관이 변한다.**
> 사랑하는 사람과 헤어질지 모른다는 식으로 이별에 대하여 불안감을 품는다.

■ 자살 특유의 행동변화

이것들은 자살로 연결될 가능성이 대단히 높은 변화들입니다.

> **갑자기 성격이 크게 변한다.**
> 기분이 쉽게 변한다.
> **충동적이 된다.**
> 학습 의욕의 감퇴와 성적의 저하.
> 한 가지 일에 집중하는 것이 곤란해진다.
> 혼자 있는 시간이 많아진다.

- **자살의 최종적인 방아쇠**

중요한 인물이나 물건을 잃어버린다.
희망이 없다거나 절망이란 말을 자주 입에 담는다.
죽고 싶다는 말을 자주 한다.
자기가 소중하게 여기던 것을 친구에게 준다.
자신의 물건들이나 주위를 정리한다.

이러한 행동들은 대단히 절박한 자살의 신호입니다. 이러한 신호가 보이면 '저 사람은 자살할지도 모른다'가 아니라 반드시 자살을 시도할 것이라고 여기고 적절한 조치를 취해야 합니다. 눈에 띄는 특징이기 때문에 조금만 관심과 주의를 기울인다면 얼마든지 미리 신호를 발견할 수 있을 것입니다. 또한 자신 스스로에 대해서도 위의 항목들을 수시로 확인해보는 것이 좋습니다. 자살은 자신뿐 아니라 주변 사람들에게도 크나큰 충격과 고통을 안겨줍니다. 이런 비극을 사전에 막을 수 있는 방법을 여러모로 모색하고, 서로에게 힘이 될 수 있도록 노력해야 할 것입니다.

자살에 관한 몇 가지 오해

자신과 가까웠던 누군가가 세상을 떠난다는 것은 그 무엇과도 견줄 수 없는 슬픔입니다. 그것도 병이나 사고가 아닌 스스로 목숨을 끊는 경우라면 그 충격이 몇 배로 더 클 것입니다. '자살'이라는 사건을 접할 때마다 우리가 일반적으로 하게 되는 생각들이 있습니다. 하지만 그 중에는 우리가 잘못 알고 있는 것들이 있습니다. 자살에 관해 우리가 오해하고 있는 대표적인 것들은 다음과 같습니다.

— 자살은 비겁하고 용기 없는 사람들의 선택이다.
— 자살은 살아 있는 사람에 대한 복수다.
— 자살은 분노의 표현이다.
— 자살은 이기적인 행동이다.

― 자살하려는 사람은 미래에 대한 계획이 없다.

― 자살하는 사람은 순식간에 충동적으로 자살한다.

― 자살하는 사람들은 반드시 유서를 남긴다.

주욱 읽어 내려가면서도 이것들의 어디가 잘못됐다는 것인지 고개를 갸우뚱하게 됩니다. 물론 위의 항목이 모두 다 잘못된 것이라는 것은 아닙니다. 위의 항목과 맞아떨어지는 경우도 있겠지요. 하지만 대부분은 그렇지 않다고 합니다. 지금부터 우리가 그 동안 잘못 알고 있었던 자살을 하는 사람들의 심리와 상황에 따른 행동들에 대해 알아보겠습니다.

자살은 비겁하고 용기 없는 사람들의 선택이다

일반적으로 자살 시도자 중 성공하는 사람은 20명 당 1명꼴입니다. 법의학자들의 설명에 의하면 자살한 사람에게는 '주저흔', 타살 당한 사람에게는 '방어흔'이라는 흔적이 나타난다고 합니다. 주저흔은 자신을 칼로 찔러 자살한 사람에게서 나타나는 흔적입니다. 주검을 보면 단번에 찌르지 못하고 2차, 3차 계속해서 자살을 이어간 흔적이 있습니다. 여러 번 실패했던 흔적이지요. 기왕에 자살하기로 마음먹었다면 한 번에 찌르지, 왜 그렇게 여러 차례 잔인하게 자신을 괴롭히다 죽었을까요?

법의학자들은 주저흔이 자살하는 사람들의 미묘한 심리변화를 잘 나타내준다고 말합니다. 칼 같은 흉기로 자살하려는 사람은 고통 없이 빨리 죽고 싶다는 생각을 하면서도 한편으로는 겁을 냅니다. 찔릴 때 느끼는 고통과 두려움 때문입니다.

국립과학수사연구원의 관계자의 말을 빌면 이해가 빠를 것입니다.

"영화에서는 타살의 흔적은 무조건 잔인하게, 자살은 평안하게 그려지지만 실제는 이와 반대인 경우가 상당수입니다. 때론 자살자의 몸에서도 수십 개의 베인 상처나 찔린 상처가 발견되기도 합니다."

주저흔은 죽음의 과정이 결코 순탄치 않음을 보여주는 상처입니다. 삶과 죽음의 갈림길에 놓인 마지막 순간까지도 그만큼 치열하고 고민했던 것입니다. 죽기로 결심을 했지만 스스로 생명을 거두는 것이 얼마나 두려운 일이었을까요. 아이러니하게도 이 부분에서 삶이 얼마나 소중한지 한 번 더 실감하게 됩니다.

에릭 스틸의 다큐멘터리 영화 〈다리〉를 보면 자살은 마음먹기도 어렵지만 실행하는 과정이 결코 쉽지 않다는 것을 보여줍니다.

촬영 팀은 자살하려는 사람을 촬영하기 위해 금문교에서 몇 백 미터 떨어진 곳에다 망원 카메라를 설치하고 1년 동안 매일 금문교를 촬영했습니다. 촬영기간 동안 투신자살을 시도하는 사람들이 카메라에 포착되었고, 이것을 포착한 촬영 팀은 즉시 경찰에 신고하여 수많은 사람의 목숨을 건졌습니다.

한번은 젊은 여성이 투신하려는 것을 발견한 촬영 기사가 떨어지는 여성을 가까스로 붙잡아 그녀의 목숨을 구했다고 합니다. 촬영 기사가 힘이 세서가 아니라, 투신하던 여성이 무의식적으로 촬영 기사의 손을 잡아서 살 수 있었던 것입니다.

자살은 비겁하고 용기 없는 사람들의 선택이 아닙니다. 자살은 결코 쉽지 않습니다. 자살은 비극적이고, 무섭고, 고통스럽습니다. '내가 나를 버리는 것이 내가 남을 버리는 것보다 덜 힘들 것이라고 생각했다'는 어느 글귀처럼 자신을 버리는 일이 간단하고 손쉬울 것 같이 느껴지지만 자살만큼 큰 용기가 필요한 일도 없습니다.

자살한 누군가에게 어려움과 실패를 견디기 힘들어 쉬운 방법을 선택했다고 손가락질하거나 탓하기 전에 한번쯤 그가 겪었을 그 고통의 순간에 대해 생각해볼 필요가 있을 것입니다.

자살은 살아 있는 사람에 대한 복수다

안타깝게도 집단 따돌림 문제로 자살한 청소년들의 유서를 보면 '내가 죽어서 너의 마음을 괴롭게 하겠다. 죽어서도 너를 용서하지 않겠다'는 말들이 있는 경우가 많습니다. 하지만 분명히 알아두어야 할 것이 있습니다.

자살은 '복수'를 위한 결코 좋은 수단이 아닙니다. 누군가가 자신으로 인해 스스로 목숨을 끊었다면 그 순간은 충격적이고 후회가 될 수도 있습니다. 하지만 그 시간은 그리 길지 않습니다. 사람은 누구나 시간이 지나면 그 충격과 고통을 잊어버리기 때문입니다.

9·11테러, 3·11쓰나미를 통해 가족이나 친구의 죽음을 겪은 사람들도 일정 시간이 지나면 빠른 속도로 정신적 안정을 되찾는다는 놀라운 연구 결과가 발표되기도 했습니다.

충격에서 벗어나서 정상적인 상태로 돌아가는 것을 심리학에서는 '레실리언스 resilience'라고 합니다. 이 말은 원기를 회복하는 것을 의미합니다. 과거상태로 돌아가는 복원력처럼 충격을 받은 사람이 단시간에 제자리로 돌아가는 특성을 가리키는 말이지요.

컬럼비아 대학교의 임상심리학자 조지 보내노는 1990년 초부터 사랑하는 사람과 사별한 사람들의 정서상태를 연구하였습니다. 가족이나 친구가 사망하게 되면 평생 동안 마음에 커다란 상처가 남는다고 생각되기 쉽습니다.

그러나 통념과는 달리 조지 보내노는 사별한 사람에게서 마음의 상처가 생긴 흔적을 찾아낼 수 없다는 충격적인 사실을 실험을 통해 밝혀냈습니다. 대부분 사람들은 가족이나 친구가 사별한 이후 몇 개월 만에 원래의 평안한 상태로 돌아갔으며 연구자가 놀랄 정도로 환경에 잘 적응했습니다.

자살이 살아 있는 사람들에 대한 복수로 실행된다는 이론도 일부 제기되고 있으나, 만약 당신이 누군가에게 복수하기 위해 자살을 고려하고 있다면 다시 한 번 깊게 생각해봐야 합니다.

당신은 당신의 전부인 목숨을 버리면서 복수했지만, 정작 당신이 복수하고 싶은 사람은 몇 개월 만에 당신의 죽음을 잊어버리고 정상적인 상태로 돌아갑니다. 당신에게는 목숨을 바칠 만큼 절실한 문제였겠지만 다른 사람들에게는 그리 중요한 문제가 아닙니다. 먼지처럼, 길거리 풀처럼, 돌처럼 그저 사라졌을 뿐입니다. 당신의 자살이 그들에게 더 이상 아픔과 고통과 절망을 주지 않습니다. 남아 있는 사람은 까맣게 잊어버립니다.

그렇다면 당신의 죽음은 얼마나 억울한가요?

진정한 복수는 살아서 하는 것입니다. 그 사람보다 더 잘 살고, 더 행복하고, 더 열정적으로 살아내서 결국은 그 사람으로 하여금 패배와 절망을 느끼게 하는 것보다 더 효과적인 복수는 없습니다.

자살은 분노의 표현이다

가장 친했던 친구가 어려운 상황에 처해 친구의 보증을 서주었던 한 가장이 있다고 예를 들어봅시다. 적지 않은 금액이지만 그 친구를 믿었기에 조금의 망설임도 없이 자신이 가진 모든 것을 걸고 보증을 서주었습니다.

하지만 상황은 그리 쉽게 풀리지 않았습니다. 친구의 상황은 더욱 나빠져갔고, 그 친구는 자취를 감췄습니다. 가장은 친구의 빚을 고스란히 떠맡게 되었고, 결국 가장의 가족은 길거리에 나앉는 신세가 되었습니다. 집안에서의 가장의 입장이 곤란하게 된 것은 말할 필요도 없겠지요. 아내와 자식들의 원망에 친구에 대한 배신감까지 더해져 가장은 더 이상 견딜 수가 없었습니다.

친구를 찾아 방방곡곡 돌아다녀보았지만 그 어디에서도 찾을 수 없었던 가장은 끝내 스스로 목숨을 끊게 됩니다.

사람들은 흔히 이 가장이 친구에 대한 분노와 배신감으로 자살을 했다고 생각할 것입니다. 하지만 분노 때문에 자살하는 사람은 극소수에 불과합니다. 자살의 원인 중 하나는 부담이 된다, 짐이 된다는 생각 때문입니다.

'아무도 나를 중요하게 생각하지 않아. 나는 어디에도 소속되어 있지 않아. 주변 사람을 위해서 살아 있는 것보다 죽는 것이 더 나을 거야.'

자살하는 사람은 평상심을 유지하지 못합니다. 따라서 남을 배려할 여유도 없습니다. 그럴 여유가 있었다면 애초부터 자살을 생각하지 않았을 것입니다.

자살하는 사람들의 주된 동기는 분노나 복수심이 아닙니다. 가장 중요한 요인은 자신이 어디에도 소속되어 있지 않다는 외로움과 소외감, 그리고 자신이 죽는 편이 다른 사람을 위해서 더 도움이 될 거라는 생각 때문입니다.

따라서 어려움에 처한 사람들에게 중요한 사람이라는 인식을 심어 줘서 소속감을 느끼게 하고, 옆에 남아 있어야 더 도움이 된다는 사실을 인식시켜야 그들이 자살로부터 빠져나올 수 있습니다.

자살은 이기적인 행동이다

자신과 가까웠던 친구나 가족이 자살했다는 소식을 들으면 "네가 어떻게 그럴 수 있어. 어떻게 나만 남겨 두고 그럴 수 있어. 너 혼자 가버리면 그만이야?"하며 통곡을 합니다.

하지만 자살을 하는 사람들은 '나 혼자 홀가분해지자'라는 이기적인 마음으로 자살하지는 않습니다. 자살을 시도하는 사람은 '내가 죽으면 가족이 슬퍼하겠지?'라는 생각을 하지 못합니다. 그것은 그 사람이 이기적이어서가 아니라, 그런 객관적인 생각을 떠올리지 못할 만큼 소외되어 있고 외롭기 때문입니다.

오히려 '내가 죽으면 가족에게 좋을 거야'라는 잘못된 배려에서 자살을 결심하게 됩니다. 남아 있는 사람들은 자살한 사람에게 '타인에게 미칠 충격을 생각하지 않고 이기적으로 죽었다'고 비난하지만, 오히려 그 반대인 경우가 많습니다. 자신의 죽음이 가족에게 더 나은 결과를 가져다줄 것이라는 생각을 한 것입니다. 이기적인 자살은 없습니다.

자살하려는 사람은 미래에 대한 계획이 없다

자살을 시도했다가 살아난 사람들의 증언에 의하면 죽기 직전에 잠깐 주춤하는 순간이 있다고 합니다.

금문교에서 뛰어내린 사람들 중에서 약 3퍼센트 정도가 자살에 실패하고 목숨을 건진다고 합니다. 그들은 '뛰어내리는 순간 바로 후회했다'는 말을 한다고 합니다.

자살에 실패한 두 사람의 말이 2003년 뉴요커 지에 소개됐습니다.

"뛰어내린 순간 나는 인생에서 해결할 수 없는 일은 하나도 없다는 사실을 깨달았습니다. 방금 다리에서 뛰어내린 일 빼고서는요."

"뛰어내리고 처음 떠오른 생각은 '방금 무슨 짓을 한 거지?' 였습니다.

나는 죽고 싶지 않았습니다."

　자살을 시도하는 사람에게는 두 가지의 욕망이 공존합니다. 죽고 싶은 욕망과 살고 싶은 욕망입니다. 이 두 가지 욕망은 마지막 순간까지 치열하게 공방을 벌이면서 서로 자기 쪽으로 유인합니다. 둘 중에 살고 싶은 욕망이 승리하면 살고, 죽고 싶은 욕망이 승리하면 죽는 것입니다.
　따라서 자살한 사람은 미래에 대한 계획을 세우지 않는다는 것은 잘못된 생각일 수 있습니다. 그 계획을 세울 때도 삶과 죽음이 치열하게 교전 중이었고, 그 당시에는 살고 싶은 욕망이 이겼기 때문에 계획을 세운 것이었을 것입니다.
　갑작스런 죽음으로 세상을 놀라게 했던 영화배우 최진실 씨도 자살 전에 미래에 대한 계획을 세웠었습니다. 다음의 기사를 보면 그것을 잘 알 수 있습니다.

　그렇게 의연한 태도로 악성루머에 대처하던 최 씨가 자살을 선택한 것에 누리꾼들은 '이해할 수 없다'는 반응이다. '정말 사채를 빌려주고 안 씨에게 자금을 압박했다면 안 씨의 죽음 소식에 한걸음에 달려오지 못했을 것'이라며 악성루머로 인한 자살설에 의구심을 내비쳤다.
　최 씨는 안 씨의 죽음 후 이영자, 홍진경 등 절친한 연예인과 돈을 모아 자금난에 시달리고 있는 정선희를 도운 것으로 알려졌다. 최 씨는 "선희를 위해 해줄 수 있는 게 없다. 빨리 추스르고 일어나라"고 격려해주는 등 정 씨 가까이에서 그를 도왔다.
　이런 상황에서 최 씨가 스스로 목숨을 끊을 리가 없다는 것. 최근 최 씨는 '내 인생의 마지막

스캔들' 시즌2 제작을 준비하며 "새로 제작되는 시즌2에서는 선희가 이혼녀가 아닌 독신녀로 나왔으면 좋겠다" 며 기대감을 내비치기도 했다.

최 씨와 함께 드라마를 준비 중이던 정준호도 "가까이서 본 그녀는 나약한 사람이 아니라 강한 사람인데 어떻게 된 건지 모르겠다" 며 최 씨의 자살을 믿지 못하겠다는 반응이었다. 특히 이혼 후 아들(7)과 딸(5)을 데리고 재기에 성공한 최 씨가 스스로 목숨을 끊었다는 점에도 많은 사람들이 의문을 나타냈다.

자살하는 사람은 순식간에 충동적으로 자살한다

충동적인 자살은 없습니다. 자살을 마음 먹은 사람들은 이미 오래 전부터 주변에 자살을 언급하면서 준비합니다.

자살하는 사람들은 자살행위를 수도 없이 생각합니다. 그리고 세부적으로 그려보기도 합니다. 이런 상당히 많은 상상과 시뮬레이션을 통해서 자살합니다. 그들은 병원도 방문합니다. 그렇기 때문에 그들이 보내는 신호를 파악하고 대응할 수 있다면 자살을 예방할 수 있습니다.

다음의 글은 한 언론에 보도된 자료입니다.

가천의대 정신과 이유진 교수에 따르면, 자살 사망자 10명 중 8명인 76퍼센트는 자살하기 한 달 전에 의사를 찾는 것으로 나타났다.

통계청에 따르면 2010년 한 해 동안 우리나라에서 자살로 인한 사망자는 1만5,566명으로 33분마다 1명이 자살로 사망하고 있으며, 하루 평균 자살 사망자는 42.6명에 달하고 있다.

이 교수는 "자살 사망자의 90퍼센트 가량이 사망 1년 전에 일차의료 서비스를 이용하고 있고,

1달 이내 이용자는 76퍼센트에 달한다"며 "동네 의사들이 자살 고위험군을 자주 접하고 있다"고 말했다.

이 같은 상황에 대해 그는 일차의료기관 의료인들이 자살예방 교육을 받으면 자살률을 연간 22퍼센트에서 많게는 73퍼센트까지 감소시킬 수 있다고 주장했다.

이 교수는 "자살은 여러 원인 중 우울증과 알코올 및 약물의 사용이 가장 큰 위험인자"라며 "자살 고위험자들을 자주 접하는 동네의원의 일차의료 단계에서부터 자살예방을 위한 활동이 필요하다"고 강조했다.

또한 이 교수의 '일차의료 의사를 위한 자살예방 교육' 연구에 따르면, 자살한 사람이나 자살을 시도한 사람의 80~90퍼센트는 진단 가능한 정신질환이 있는 것으로 조사됐다. 자살률이 가장 높은 질환은 우울증으로 환자의 67퍼센트가 우울증으로 자살사고를 일으키는 것으로 나타났다.

이 교수는 우울증을 치료받지 않으려는 원인에 대해 "우울증의 경우 의지의 부족이나 나약함이 아닌 뇌의 물리적 구조와 신경전달 물질의 불균형임을 알지 못하고, 의사에게 이야기할 때 증상에 대해 모호하게 이야기하거나 정신질환이라는 낙인을 두려워하기 때문"이라고 말했다.

이어 "일차의료 단계에서 환자의 자살 위험징후를 파악하고 공감함으로써 환자의 심리적인 고통을 경감하고 감정 표현을 하도록 유도해야 한다"고 조언했다.

자살은 더 이상 갈 곳이 없는 벼랑 끝에서 선택하는 마지막 카드입니다. 이들의 정신상태는 정상인들과는 다르지만, 피상적으로 생각하는 것처럼 정신이상이나, 정신착란, 치매증세는 보이지 않는다고 합니다. 이때의 마음상태는 정상인들은 이해하기 힘듭니다. 그들은 모든 것이 끝났고, 더 이상 회복의 기미도 없으며, 돌아갈 곳도 없다고 생각합니다. 그래서 이 지겹고 힘든 모든 상황을 끝내고 평온한 마음의 종착역으로 간다고 생각하고 자살을 실행합니다. 나름대로는 또 다른 대안의 선택인 셈입니다. 이들을 삶과 죽음의 전투에서 나오게 하려면 그 사람들의 관점에서 이해해야 합니다.

자살하는 사람들은 반드시 유서를 남긴다

조사에 의하면 자살하는 사람들 중 유서를 남기는 경우는 약 25퍼센트 정도입니다. 생각보다 매우 적은 수치입니다. 그렇다면 이들이 유서를 남기지 않는 이유는 무엇일까요? 아무리 자살을 하기는 하지만 가족과 친구들에게 최소한의 인사라도 남겨야 하지 않을까요? 하지만 이것은 철저히 정상적인 사람의 생각으로 가능한 것입니다. 자살하는 사람들은 자신이 완전하게 소외되었고, 단절되었으며 추방당했다고 생각합니다.

수백 년 동안 연구한 결과에 의하면 자살을 예방하는 공통점은 바로 '인간적인 접촉'이라는 것입니다. 누군가가 '당신의 삶은 가치와 희망이 있다'고 말했을 때 그 사람은 삶과 죽음의 전투에서 승리하게 되는 것입니다.

자살하겠다고 말하는 사람의 말을 "그게 쉽냐?"라고 치부해버리는 것은 너무나 위험한 일입니다.

주변에 자살하겠다고 말하는 사람의 마음속에는 삶과 죽음이 그야말로 사생결단의 전투를 벌이는 중이고, 주변사람들에게 손을 내밀어 자신을 잡아달라는 메시지이며, 자신이 지금도 그들과 연결되어 있는지 확인하는 절차입니다.

자살하는 사람도 죽음이 두렵습니다. 삶과 죽음이 그칠 줄 모르고 싸움을 벌이고 있는 것입니다. 그래서 어느 한편이 완전히 이겼을 때 결판이 나는 것입니다. 그 이전에는 매일매일, 매 순간마다 전세가 역전에 역전을 되풀이합니다.

그 과정 속에서 자살하겠다고 말하는 사람들의 말이나 행동을 무시하지 말고 제대로 대응해야만 그들을 살릴 수 있습니다.

위기가 보내는 신호

개구리가 논에서 유난히 시끄럽게 울면 농부는 큰 비가 내릴 것에 대비합니다. 종달새가 저공비행을 하면 날씨가 나빠지고 고공비행을 하면 날이 맑아집니다. 나팔꽃이 아침부터 피지 않으면 그날은 비가 오거나 흐린 하루가 됩니다. 해파리는 폭풍우가 올 것을 대비해 몇 시간 전부터 해안가의 안전한 곳으로 서둘러 대피합니다.

예지가 특정사건을 미리 인지하는 능력이라면, 예감은 불길한 사건이 발생하기 전에 미리 알려주는 조기경보기와 같습니다. 미지의 사건이 발생할지 모른다는 것을 느끼게 해주는 능력인 것이지요.

1912년 4월 첫 항해 도중에 빙산과 충돌해 침몰한 타이타닉 호의 경우 승객 2,207명 중 1,502명이 사망했는데, 일부 승객의 운명이 예감에 의해

엇갈렸던 것으로 나타났습니다. 출항 직전에 갑자기 예약을 취소한 사람이 많아서 탑승률은 58퍼센트였습니다. 그들은 배가 난파되는 악몽을 꾸거나 왠지 찜찜한 기분이 들어서 예약을 취소했다고 합니다. 승객들은 불길한 예감을 느꼈던 것입니다. 자살도 마찬가지입니다. 신호를 보냅니다. 그 신호를 포착할 수 있다면 자살을 예방할 수 있습니다.

하규섭 한국자살예방협회 회장은 자살에 관해 이렇게 말합니다.
"자살 프로세스를 보면 보통 첫 번째 자살 시도로 죽는 사람은 드물어요. 대부분이 5번, 10번씩 시도하고 그때마다 응급실로 실려 오죠. 그럼 왜 대부분이 계속 자살을 시도하느냐 하면, 그것을 하나의 커뮤니케이션 수단으로 이용하기 때문이죠. 삶의 옵션 중 잘못된 옵션, 잘못된 커뮤니케이션 방법이 자살인 겁니다."
즉, 자살을 기도하는 사람들은 그 자살을 타인과 교감하고 싶은 하나의 커뮤니케이션 신호로 사용하고 있다는 것입니다. 주변에서 그 신호를 방치하면 신호가 실행으로 이어지게 되어 있는 것입니다.
자살을 예방하기 위한 방법을 두 가지로 정리할 수 있습니다.

첫째, 우울증에 대한 편견을 타파하는 것입니다.
자살의 심리적인 요인 중 가장 큰 원인이 되는 우울증은 환자들이 다양한 상황에서 겪게 되는 심각한 상실감에서 출발합니다. 실연의 상처나 중대한 건강상의 문제 또는 사업실패, 심한 자존심 손상 그리고 실패하고 좌절했을 경우에 우울증이 생기는데, 이때 자살할 가능성이 커지게 됩니다. 이러한 우울증은 정신과에서 치료를 받고, 꾸준히 정신건강을 체크하는 것이 대단히 중요하지만 우리나라의 경우, 우울증을 겪고 있으면서도 치료를 받는 사람들은 33퍼센트에 불과합니다. 미국이나 일본과 다르게 우리나라의 우울증 환자가 병원을 찾지 않는 이유는 사회적인 인식 때문입니다. 정신과 기록만 있으면 정신이 이상한 사람으로 보는 사회적 편견 말입니다. 그러나 우울증은 대단히 위험한 질병입니다. 전문의와 심도있는 진료를 통해 심리적인 상황을 개선하는 것이 중요합니다.

둘째, 주변 사람들의 따뜻한 관심과 치료는 자살을 예방하는 중요한 요소입니다.

가족과 친구들의 긍정적인 말과 칭찬은 삶을 지탱하는 힘이 됩니다. 그 힘이 생각을 변화시킬 수 있고 삶에 대한 의욕을 줄 수도 있습니다. 주변 사람들의 따뜻한 관심과 사랑만이 좋은 치료약이 될 수 있습니다.

'죽고 싶다', '끝내고 싶다'라는 말을 입에 달고 살던 사람이 갑자기 조용하고 침착해지는 등 행동에 변화가 왔다면 위험신호라고 생각해야 합니다. 더구나 신경안정제 등 약물을 복용 중이면 자살 가능성이 상대적으로 높고, 가족이나 친구의 죽음을 몹시 슬퍼한다면 뒤따라 자살을 선택할 수도 있습니다. 그래서 주변 사람들의 따뜻한 관심과 지속적인 치료가 매우 중요합니다.

자살의 위험인자

모든 일에는 원인이 있습니다. 그 원인을 알면 문제는 쉽게 풀릴 수 있습니다. 인생의 성공과 실패도 그렇습니다. 자살도 그렇습니다. 그 근본원인을 알아야 해법을 찾을 수 있습니다. 지금부터는 인생을 좌절과 절망으로부터 구해서 자신이 원하는 인생을 성공적으로 살아내는 해법을 찾아보도록 하겠습니다.

미국자살연구협회가 발표한 자살위험인자는 다음과 같습니다.
① 자살관념
② 약물남용
③ 목적상실
④ 불면증을 동반한 불안과 초조
⑤ 오도가도 못하는 갇힌 기분

⑥ 희망상실

⑦ 체념

⑧ 분노

⑨ 무모함

⑩ 감정의 동요

원인을 알면 해법을 찾을 수 있는 것처럼 10가지 자살위험인자를 영역별로 구분하여 각 원인을 커버하고 해결할 방안을 제시하였습니다.

	자살위험인자	발생 근원	삶의 6가지 원리
1	자살관념	절망	희망
2	약물남용	탈출심리, 돌파구모색, 절망	희망
3	목적상실	무의미한 삶, 방향감 상실	도전
4	불면증을 동반한 불안과 초조	고뇌, 불안, 초조	소통
5	오도가도 못하는 갇힌 기분	폐쇄, 단절	인맥
6	희망상실	실패, 좌절	희망
7	체념	소진, 포기	도전
8	분노	상처	감사
9	무모함	갇힌 기분, 종착, 돌발	감사
10	감정의 동요	평정심 상실	감사

희망, 도전, 소통, 인맥, 감사. 이상의 5가지 해결방안과 현대자살의 근원인 좌절과 절망의 상당수가 경제적인 문제에서 기인하기 때문에 여기에 돈의 원리를 추가하였습니다. 이것은 삶을 이끄는 6가지 위대한 원리입니다.

삶을 이끄는 6가지 위대한 원리를 갖추면 자살예방은 물론 자신이 원하는 삶을 살 수 있다는 확신을 갖게 됩니다.

자살과 자살 예방에 대한 노력은 우리나라뿐만 아니라 전 세계에서도 한마음으로 기울이고 있습니다. 2003년, 세계보건기구WHO와 국제자살예방협회IASP가 매해 9월 10일을 세계 자살 예방의 날World Suicide Prevention Day로 정하고 전 세계에 생명의 소중함과 자살문제의 심각성을 널리 알리고 있습니다. 미국질병통제예방센터CDC는 자살을 유발시킬 수 있는 7가지 요인을 발표하고 자살의 주요 위험 요소를 가지고 있는 사람들에게 관심을 갖도록 당부했습니다.

첫 번째 요인은 예전에 자살을 시도한 적이 있는가?
두 번째는 가족 중에 자살자가 있는가?
세 번째는 우울증이나 다른 정신병에 걸린 적이 있는가?
네 번째는 알코올이나 약물 중독에 빠진 적이 있는가?
다섯 번째는 스트레스를 심하게 받을 만한 사건이나 상실감을 겪었는가?
여섯 번째는 치명적 흉기를 쉽게 구할 수 있는가?
마지막으로 다른 사람의 자살을 접한 적이 있는가?

각기 다른 기관들의 발표이지만 자살을 유인하는 위험인자들은 어느 정도의 공통점을 지니고 있습니다. 주변의 사람들뿐 아니라 자기 자신의 상태를 눈여겨보고 관심을 게을리하지 않는다면 자살은 말 그대로 '남의 이야기'가 될 것입니다. 물론 '남의 이야기'에도 해당되지 않는다면 더할 나위 없이 좋은 일이겠지요.

우울증 자가진단

우울증은 자살을 유발하는 가장 큰 요인 중의 하나입니다. 우울증은 우울한 기분에 빠져 의욕을 상실한 채 무능감·고립감·허무감·죄책감·자살충동 등에 사로잡히는 일종의 정신질환입니다. 10명 중 1명은 일생 동안 한 번은 우울증에 걸린다고 합니다. 물론 이 테스트만으로 우울증을 100퍼센트 진단할 수 있다고 말하기는 어렵습니다. 하지만 자신의 상태를 점검해보고 자신의 감정에 귀를 기울일 수 있는 기회를 갖기에는 충분하다고 봅니다. 마음을 편안히 가지고 천천히 읽어 내려가면서 자신에게 해당하는 항목들에 체크해보세요.

◆ **테스트 방법**

각 항목을 주의 깊게 읽어보고 자신의 상황에 해당하는 번호에 대해

1) = 0점, 2) = 1점, 3) = 2점, 4) = 3점으로 계산합니다. 총 점수의 합계에 대한 테스트 결과는 테스트 하단에 적어놓았습니다.

◆ **테스트 시작**

1	1) 나는 슬프지 않다. 2) 나는 슬프다. 3) 나는 항상 슬프고 기운을 낼 수 없다. 4) 나는 너무 슬프고 불행해서 도저히 견딜 수 없다.	6	1) 나는 사람들에 대한 관심을 잃지 않고 있다. 2) 나는 전보다 사람들에 대한 관심이 줄었다. 3) 나는 사람들에 대한 관심이 거의 없어졌다. 4) 나는 사람들에 대한 관심이 완전히 없어졌다.
2	1) 나는 앞날에 대해서 별로 낙심하지 않는다. 2) 나는 앞날에 대해서 용기가 나지 않는다. 3) 나는 앞날에 대해 기대할 것이 없다고 느낀다. 4) 나의 앞날은 절망적이고 가망이 없다고 느낀다.	7	1) 나는 평소처럼 결정을 잘 내린다. 2) 나는 결정을 미루는 때가 전보다 더 많다. 3) 나는 전에 비해 결정 내리는 것이 어렵다. 4) 나는 더 이상 아무 결정도 내릴 수가 없다.
3	1) 나는 실패자라고 느끼지 않는다. 2) 나는 보통 사람들보다 더 많이 실패한 것 같다. 3) 나의 과거를 뒤돌아보면, 실패투성이인 것 같다. 4) 나는 인간으로서 완전한 실패자라고 느낀다.	8	1) 나는 전보다 모습이 나빠졌다고 느끼지 않는다. 2) 나는 매력 없어 보일까 봐 걱정한다. 3) 나는 매력 없게 변해버린 것 같은 느낌이 든다. 4) 나는 내가 추하게 보인다고 믿는다.
4	1) 나는 일상생활에 만족하고 있다. 2) 나의 일상생활은 예전처럼 즐겁지 않다. 3) 나는 요즘 어떤 것에서도 만족을 얻지 못한다. 4) 나는 모든 것이 다 불만스럽고 싫증난다.	9	1) 나는 전처럼 일을 할 수 있다. 2) 일을 시작하는 데에 전보다 더 많은 노력이 든다. 3) 무슨 일이든 하려면 심하게 채찍질해야만 한다. 4) 나는 전혀 아무 일도 할 수가 없다.
5	1) 나는 특별히 죄책감을 느끼지 않는다. 2) 나는 죄책감을 느낄 때가 많다. 3) 나는 죄책감을 느낄 때가 아주 많다. 4) 나는 항상 죄책감에 시달리고 있다.	10	1) 나는 평소처럼 잠을 잘 잔다. 2) 나는 이전만큼 잠을 자지는 못한다. 3) 전보다 한 두 시간 일찍 깨고 다시 잠들기 어렵다. 4) 평소보다 몇 시간 일찍 깨고, 다시 잠들 수 없다.

11	1) 나는 벌을 받고 있다고 느끼지 않는다. 2) 나는 어쩌면 벌을 받을지 모른다. 3) 나는 벌을 받을 것 같다. 4) 나는 지금 벌을 받고 있다고 느낀다.	17	1) 나는 평소보다 더 피곤하지는 않다. 2) 나는 전보다 더 쉽게 피곤해진다. 3) 나는 무엇을 해도 피곤해진다. 4) 나는 너무나 피곤해서 아무 일도 할 수 없다.
12	1) 나는 나 자신에게 실망하지 않는다. 2) 나는 나 자신에게 실망하고 있다. 3) 나는 나 자신에게 화가 난다. 4) 나는 나 자신을 증오한다.	18	1) 내 식욕은 평소와 다름없다. 2) 나는 전보다 식욕이 좋지 않다. 3) 나는 식욕이 많이 떨어졌다. 4) 전혀 식욕이 없다.
13	1) 내가 다른 사람보다 못한 것 같지는 않다. 2) 나는 나의 실수에 대해서 자신을 탓하는 편이다. 3) 내가 한 일이 잘못되었을 때는 나를 탓한다. 4) 일어나는 모든 나쁜 일들은 다 내 탓이다.	19	1) 체중이 별로 줄지 않았다. 2) 전보다 몸무게가 2kg 가량 줄었다. 3) 전보다 몸무게가 5kg 가량 줄었다. 4) 전보다 몸무게가 7kg 가량 줄었다.
14	1) 나는 자살 같은 것은 생각하지 않는다. 2) 나는 자살할 생각을 가끔 한다. 3) 자살하고 싶은 생각이 자주 든다. 4) 나는 기회만 있으면 자살하겠다.	20	1) 건강에 대해 전보다 더 염려하고 있지는 않다. 2) 통증 등 신체적 문제로 걱정하고 있다. 3) 건강이 염려되어 다른 일은 생각하기 힘들다. 4) 건강이 염려되어 아무 일도 생각할 수 없다.
15	1) 나는 평소보다 더 울지는 않는다. 2) 나는 전보다 더 많이 운다. 3) 나는 항상 운다. 4) 나는 울려야 울 기력조차 없다.	21	1) 성(sex)에 대한 관심에 별다른 변화가 없다. 2) 전보다 성에 대한 관심이 줄었다. 3) 전보다 성에 대한 관심이 상당히 줄었다. 4) 나는 성에 대한 관심을 완전히 잃었다.
16	1) 나는 평소보다 더 짜증을 내는 편은 아니다. 2) 나는 전보다 쉽게 짜증이 나고 귀찮아진다. 3) 나는 요즈음 항상 짜증을 내고 있다. 4) 요즘은 너무 지쳐서 짜증조차 나지 않는다.	합산점수	점

◆ **테스트 결과 측정하기**

0~9점 = 우울하지 않은 상태

10~15점 = 가벼운 우울 상태

16~23점 = 중한 우울 상태

24~63점 = 심한 우울 상태

앞서 말했듯이 이 결과는 100퍼센트 신뢰할 수는 없습니다. 하지만 테스트의 결과가 생각보다 심각하게 나왔다면 자신의 상태를 잘 살펴보고 전문가의 도움을 받는 것이 좋습니다. 2~3개월의 간격을 두고 꾸준히 테스트를 해보면서 자신에 대한 관심을 계속 기울여야 합니다.

제 2 장

삶을 이끄는 6 가 지 위대한 원리

희망

- 모든 결과에는 원인이 있다
- 희망 + 절망 = 100 (희절백)
- 생각의 근원을 바꿔야 희망이 보인다
- 절실한 희망은 이루어진다
- 희망, 그 놀라운 도미노
- 희망학교의 꿈
- 목표를 만드는 방법
- 꿈을 이루는 5가지 단계
- 희망의 끈을 놓지 않은 사람들①
   - 김광석 참존 회장

모든 결과에는 원인이 있다

워싱턴의 포토맥 강변에 미국 3대 대통령 토마스 제퍼슨을 기리는 기념관이 있습니다.

언제부터인가 이 기념관 벽의 외관이 심각하게 훼손되기 시작했습니다. 시간이 지날수록 문제가 심각해지자 기념관장은 관리자를 불러서 그 원인이 무엇인지 알아보도록 지시했습니다.

조사 결과 기념관 외벽에 묻어 있는 비둘기의 분비물을 제거하기 위해 독성이 강한 세제를 사용하기 때문이었습니다. 그러자 관리자는 비둘기가 많이 날아드는 것을 막기 위해 관광객들이 비둘기에게 모이를 주는 것을 금지시켰습니다. 하지만 그래도 비둘기는 계속 날아들었습니다.

도저히 해결책을 찾지 못하던 관리자는 외부 컨설팅회사에 이 문제를 해결해달라고 의뢰했고 컨설팅회사는 체계적인 조사를 시작했습니다. 그리고 얼마 지나지 않아 그 원인이 밝혀졌습니다.

제퍼슨 기념관에 유난히 많은 비둘기가 날아드는 것은 기념관 벽에 서식하는 거미들 때문이었습니다. 그 거미들을 잡아먹으려고 비둘기들이 그리도 몰려들었던 것이었지요.

관리자들은 거미들을 박멸하기 위해 온갖 수단과 방법을 동원했지만 좀처럼 효과가 나타나지 않았습니다. 그래서 또 머리를 싸매고 그 원인을 추적해보았습니다. 그랬더니 밤마다 숲에서 떼를 지어 날아오는 나방들이 거미들의 왕성한 서식을 가능하게 하고 있었습니다. 나방이 몰려오는 한 그것을 먹이로 삼고 있는 거미들은 사라지지 않을 것이고, 거미들을 먹이로 삼고 있는 비둘기들 또한 사라지지 않을 것은 너무나 당연한 일이었습니다.

그렇다면 왜 나방들이 제퍼슨 기념관으로 날아들었던 것일까요? 그것은 기념관에 켜둔 대낮처럼 밝은 전등 때문이었습니다. 더욱이 이 기념관은 주변의 건물들보다 2시간이나 먼저 점등했으니 나방들이 날아들기에 더할 나위 없이 좋은 조건이었지요.

컨설팅회사의 해결책은 의외로 간단했습니다.

"조명 점등시간을 주변 건물보다 1시간 늦게 점등할 것."

이로써 모든 문제는 말끔하게 해결됐습니다. 주변건물보다 1시간 늦게 점등을 하니 나방들이 다른 곳으로 날아갔고, 나방들이 날아가니까 그 나방들을 잡아먹으려고 거미들도 가버렸으며, 거미들이 없어지니까 비둘기들도 없어졌고, 비둘기들이 없어지니까 분비물도 없어졌으며,

분비물이 없으니 독성 세제도 사용하지 않아도 됐던 것이지요. 그와 더불어 건물도 훼손되지 않았고, 인건비도 훨씬 줄일 수 있었습니다.

모든 결과에는 원인이 있습니다. 그 원인을 알면 해답을 찾을 수 있습니다. 지금 절망에 사로잡혀 삶의 의욕을 잃고 있다면, 그것에는 분명 원인이 있을 것입니다. 그 원인을 찾다 보면 그것에 대한 해답 또한 쉽게 찾을 수 있습니다.

누군가의 성공적인 삶이 부럽다면 그가 그렇게 성공하게 된 원인을 찾아 그것을 배우고 익혀야 합니다. 어쩌면 그 해답은 의외로 간단할 수도 있지요.

해답이 없는 문제는 없습니다. 삶을 행복으로, 성공으로 이끌고 싶다면 그런 결과를 얻을 수 있는 원인과 방법을 찾아야 합니다.

저는 삶을 성공적으로 이끌 수 있는 원리를 6가지로 나눠봤습니다. 희망, 도전, 소통, 돈, 인맥, 감사가 바로 그것입니다. 그 중 가장 으뜸은 바로 희망입니다. 희망이 없다면 도전도 소통도 또 그 밖의 것들도 이끌어낼 수 없습니다.

희망, 희망, 희망.

모든 성공 결과의 원인이 되어 줄, 동시에 모든 행복 원인의 결과가 되어줄 이 희망에 당신의 모든 것을 걸어도 좋습니다.

희망 + 절망 = 100(희절백)

 인간은 미래기억이라는 것을 갖고 있습니다. '미래기억'에 관해서는 2009년에 제가 쓴 『빅 예스』에도 적어놓았습니다.

'인간의 뇌는 절실히 원하면 그것이 반드시 이루어지도록 프로그래밍 되어 있습니다.'

대부분의 성공한 사람들의 특징은 자신의 꿈을 뇌에 미리 '절실하게' 입력시켜놓았던 사람들이었습니다.

인간의 뇌는 크게 이성적인 판단을 하는 전두엽과, 감성적인 판단을 하는 편도로 나뉘어집니다. 그리고 이 두 가지의 판단을 합쳐서 실행으로 옮기는 전전두엽이 있습니다.

여기서 눈여겨 봐야 할 것은 전두엽이 가지고 있는 기억의 특징들입니다. 흔히 '기억'이라고 하면 과거에 대한 것을 말하지만, 전두엽은 또 하나의 기억을 가지고 있습니다. 그것은 바로 '미래기억'이라고 하는 것입니다.

　이것은 어떻게 보면 모순된 것처럼 보이기도 합니다. 기억은 '과거'의 것이지만 그 말 앞에 '미래'라는 말이 붙어 있기 때문입니다. 이것은 인간이 할 수 있는 가장 위대한 모순, 바로 상상이고, 꿈이라고 말해지는 것입니다.

　행복한 미래기억을 심으면 행복이 시작되고, 불행한 미래기억을 심으면 불행이 시작됩니다. 그 예가 될 만한 이야기를 해보겠습니다.

　심난해 과장이 있습니다. 심난해 과장의 얼굴에 근심이 가득합니다. 1년 후, 자신이 다니는 회사는 파산하고 자신이 해고 될 것이라는 상상을 하고 있기 때문입니다. 설상가상으로 주식 투자한 벤처회사가 부도가 나서 투자원금을 모두 날렸다는 상상까지 더해지니 입술이 바짝 마릅니다. 그런 상상을 시작한 날부터 심난해 과장은 하루하루가 고역입니다. 1년 후면 모든 것을 잃고 가족이 거리로 나앉게 된다는 상상을 하니 하루하루가 지옥과 같을 수밖에요.

　그의 건너편에 앉은 잘나가 과장은 종일 싱글벙글입니다. 그는 1년 후, 회사에서 특별승진은 물론 특별상여금으로 꿈에 그리던 유럽여행을 가는 상상을 합니다. 더구나 벤처회사에 투자한 주식이 대박이 나서 현금으로 10억 원을 벌게 된다는 상상까지 더하게 되니 기쁜 마음을 감출 길이 없습니다. 당연히 그의 날들은 행복의 연속입니다. 행복한 표정으로 지내니 주변에 사람들도 모이고, 예상치 않았던 좋은 일들도 연이어 일어납니다.

우리는 주변에서 심난해 과장과 잘나가 과장을 쉽게 만날 수 있습니다. 당신도 심난해 과장, 또는 잘나가 과장 중 한 사람일 것입니다. 당신이 다니는 회사가 부도가 날 수도 있고, 해고될 수도 있으며, 투자원금을 날릴 수도 있습니다. 예외는 없습니다.

하지만 한 가지 잊지 말아야 할 것이 있습니다. 인간은 누구도 미래에 일어날 일에 관해서 100퍼센트 정확하게 예측할 수 없다는 사실입니다.

여기서 행복과 불행이 결정지어집니다. 오지도 않은 미래에 대해서 '절망'을 심은 심난해 과장은 그야말로 매일매일이 죽을맛이고, '희망'을 심은 잘나가 과장은 매일매일 살맛이 납니다.

주변의 상황도 달라집니다. 사람들이 잘나가 과장 주변으로 몰려들기 시작하는 것은 너무나 당연한 일입니다. 왠지 좋은 정보가 있을 것 같고, 좋은 일이 생길 것 같습니다. 덩달아 즐겁기 마련입니다.

그렇습니다. 앞으로 다가올 일들에 대해 희망과 절망 중 무엇을 심었느냐에 따라 미래도, 인생도 바뀌는 것입니다. 1년 후, 두 과장의 상황이 확연히 달라져 있을 거라는 것은 길게 설명하지 않아도 짐작할 수 있을 것입니다.

사실 행동을 바꾼다는 것은 참으로 어려운 일입니다. 오랫동안 학습된 습관이기 때문이지요. 그러나 생각은 어떨까요? 생각은 얼마든지 바꿀 수 있습니다. 생각은 자신 외에 아무도 통제할 수 없습니다. 생각은 자유롭고 제한이 없습니다.

남보다 두 배, 세 배 열심히 일하기란 사실상 어려운 일이지만, 남들보다 열 배, 스무 배 잘 할 수 있는 것이 있습니다. 바로 생각, 상상입니다. 상상은 돈이 드는 것도 아니고, 공간이 필요한 것도 아닙니다. 생각과 상상이 인생을 바꿉니다.

열심히 해도 성공하지 못하는 사람이 있습니다. 행동은 열심히 하는데 생각하지 않고 열심히 하는 사람입니다.

그래서 제가 뇌에 관해서 내린 두 가지의 결론이 있습니다.

첫째, 뇌는 밭과 같습니다.

밭에 고구마를 심으면 고구마가 자라고 감자를 심으면 감자가 자랍니다. 혹시 고구마 심은 데서 감자가 자라는 것을 본 적이 있나요? 그렇다면 신문에 날 일입니다. 불가능한 일이니까요.

뇌도 똑같습니다. 뇌의 미래기억에 희망을 심으면 희망이 자라고, 절망을 심으면 절망이 자랍니다. 그럼에도 불구하고 대부분의 사람들은 미래기억에 절망을 심습니다. 당연히 절망이 자라는데도 말이죠.

둘째, 희망 + 절망 =100입니다.

뇌의 재미있는 특징은 희망과 절망의 합은 항상 100이라는 사실입니다. '제로 섬 게임'이지요. 희망과 절망은 마치 저울의 양 축과 같아서 한

쪽이 내려가면 한쪽이 올라가게 되어 있습니다.

희망	절망	계
50	50	100
60	40	100
70	30	100
80	20	100
90	10	100
100	0	100

　절망이 90이면 희망이 10, 절망이 100이면 희망은 0이 됩니다. 이때, 사람은 죽습니다. 사람은 한 끼도 먹지 않고도 물만 마시면 21일을 살 수 있으며, 물 한 방울 마시지 않아도 7일을 버틸 수 있습니다. 그러나 희망이 없으면 더 이상 삶을 유지해나갈 수가 없습니다.

　사업에 실패하거나 빈털터리가 되었을 때 자살을 결심하는 것처럼 보이지만 실제는 그렇지 않은 경우가 많습니다.

　돈이 많은 사람도 자살합니다. 현대의 정몽헌 회장은 현대그룹을 이어받았지만 자살하고 맙니다. 정몽헌 회장은 돈은 많았지만 희망이 '0'이었기 때문에 자살한 것입니다. 희망이 '0'이면 절망은 '100'으로 확장됩니다.

　당대 최고의 인기를 누리고 있었던 최진실 씨가 자살한 이유 역시, 인기는 최고였지만 희망은 '0'이었기 때문에 자살한 것입니다.

　이들은 모두 먹고 사는 데 전혀 문제가 없었던 사람들이었습니다. 그런데 그들이 왜 슬픈 선택을 했어야만 했을까요? 돈과 인기와 명예는 충분히 갖고 있었지만, 자살하는 순간 희망이 '0'이었기 때문에 그들은 죽음을 택한 것이었습니다. 다시 한번 강조하지만 희망이 '0'이면 절망은 '100'으로 확장됩니다. 그런데 더 무서운 것은 희망과 절망의 크기를 결정하는 것은 자신이라는 사실입니다. 자신만이 희망과 절망의 크기를 결정할 수 있습니다.

사업가 A, B사장이 있습니다. A, B사장은 내일 오후 4시까지 어음 100억 원을 막아야 하는 상황인데, 현재는 가진 돈이 80억 원 밖에 없습니다. A, B사장으로부터 여러분에게 전화가 걸려왔다고 가정해봅시다.

A사장
"김 사장님, 내일까지 20억 원만 빌려주세요."
"왜요? 무슨 일이 있어요?"
"내일까지 어음을 막아야 하는데, 20억 원이 필요해서요. 다음에 김 사장님 필요하실 때 도와드릴게요. 부탁해요."

B사장
"김 사장님, 저 좀 살려주세요."
"왜요? 무슨 일이 있어요?"
"내일 오후 4시까지 어음 100억 원을 막아야 하는데, 20억 원이 없으면 저 죽습니다. 아무도 도와주지 않아요. 제발 저 좀 살려주세요. 제발 부탁합니다."

여러분이 김 사장이라면 A, B사장 중 누구에게 돈을 빌려주겠습니까?

그렇습니다. A사장입니다. 왜 B사장에게는 돈을 빌려주지 않을까요? B사장에게 빌려주면 받을 수 없을 것이라는 판단이 작동한 것입니다. 이 문제의 해법 역시 '희망 + 절망 = 100'의 법칙이 작용합니다.

B사장은 내일 오후 4시에 부도난 것이 아니라, 이미 지금 부도난 것입니다. 자신의 미래기억 속에 20억 원이 부족해서 100억 원의 어음을 막을 수 없을 것이라는 '절망 100'을 심었기 때문입니다.

주변을 보십시오. 살 만한데도 매일 죽겠다고 말하고 다니는 사람이 있습니다. 반면, 사는 것이 넉넉해 보이지 않은데도 늘 행복해하는 사람도 있습니다. 이들은 자신의 뇌에 희망과 절망의 비율을 달리 설정했기 때문입니다.

그렇다면 희망과 절망의 경계점이 있을까요? 희망을 어느 정도 심어야 안전할까요? 사실 희망이야 많을수록 좋겠지만 가장 어려운 것 중에 하나가 절망 속에서 희망을 심는 것이기 때문에 당연히 궁금할 수 밖에 없습니다.

프레드릭슨은 2009년 펴낸 『적극성』에서 즐거움, 감사, 희망, 자긍심, 관심 등 긍정적 정서 10개를 열거하고 긍정적 정서와 부정적 정서의 비율이 3대1일 때가 행복과 불행의 갈림길이라고 주장했습니다. 긍정적 정서 비율이 높아지면 만족스러운 삶은 살게 되지만 부정적 정서가 높아지면 무기력한 삶을 살게 된다는 주장입니다. 100점 만점에 희망이 70점 이하로 떨어지면 무기력해지고, 더 떨어지면 우울해지기 시작하는 것입니다.

뇌는 밭과 같습니다. 심는 그대로 자라게 되어있습니다. 희망도 절망도 마찬가지라는 사실을 기억해야 합니다.

희망 + 절망 = 100

이 공식을 반드시 기억해야 합니다. 머릿속에 온통 가득 채워야 할 두 글자, 희망. 당신이 어떤 상황 속에서도 희망을 심으면 희망이 자랍니다. 그러면 그 희망이 그 어떤 절망에서도 당신을 구해낼 것입니다.

생각의 근원을 바꿔야 희망이 보인다

하버드 대학교의 랭거 교수는 재미있는 실험을 했습니다. 호텔 청소부들을 유심히 지켜보았더니 하루 평균 15객실을 청소하더랍니다. 침대시트를 갈고, 방바닥 청소하고, 화장실 청소하는 등 하루종일 고된 일을 하고 있었습니다. 그런데도 호텔의 청소부 84명의 건강상태를 조사한 결과 대부분이 과체중으로 인한 복부비만, 고혈압 증세를 갖고 있었습니다.

랭거 교수는 84명 중 42명을 비밀리에 불러서 청소 활동이 얼마나 운동에 효과적인지를 설명했습니다.

"여러분의 운동량은 이미 충분합니다. 15분 간 시트 교체하는 데 40kcal, 15분 간 진공청소기를 돌리는 데 50kcal, 방바닥 청소하는 데도 10분 동안 운동하는 것과 동일한 효과가 있답니다. 하루에 열다섯 개의 방을 청소하는 것은 2시간 30분 동안 운동하는 것과 같은 효과를 줍니다."

한 달 후, 설명을 들었던 42명의 청소부 건강 상태가 놀라울 정도로 좋아졌습니다. 복부비만이 없어졌고, 삼중 턱도 사라졌으며 혈압도 떨어졌습니다. 물론 설명을 듣지 못한 청소부들은 변화가 없었습니다. 어떻게 이런 결과가 나왔을까요?

랭거 교수는 이 현상에 대해서 다음과 같이 설명합니다.

"청소하면서 몸을 움직일 때마다 칼로리가 소모된다고 생각하니 실제로 지방이 빠져나간 겁니다. 그런 생각을 안 하며 청소할 땐 오히려 피로와 독소만 쌓이는 것이지요."

생각은 엄청난 에너지를 사용합니다. 뇌를 움직이게 하는 에너지는 400kcal로 심장을 뛰게 하는 140kcal보다 무려 3배나 더 필요합니다. 뇌는 사람의 신체를 변화시키기도 합니다. 기혼여성이 간절하고 절실하게 임신을 원하면 유선이 발달하고 배가 불러옵니다. 그런데 뱃속에 태아가 있을까요? 뱃속에 태아도 없는데 배가 불러오는 이유는 뇌의 작용 때문입니다. 바로 상상임신입니다.

희망과 절망은 형태도 없고, 만질 수도 없고, 냄새도 없습니다. 그것은 우리 뇌 속에서 존재하는 관념에 불과합니다. 그냥 희망이라고 심고 '이것은 희망이다'라고 우기면 됩니다. 그런데 대부분 사람들은 절망을 심어놓고 절망이라고 우깁니다. 당연히 그 순간부터 절망이 찾아오죠. '죽고 싶다', '미치겠다' 우리는 이런 말들을 입에 달고 삽니다. 정말 죽고 싶거나 미칠 것 같은 상황이 아닌데도 마치 습관처럼 입에 배어버렸을 정도니까요.

우리의 말이 입으로 나오기 전에 뇌를 거치기 때문에 무심코 한 말일지라도 뇌 속에는 그런 절망이 심어지게 됩니다. 뇌에서 절망이 계속 자라면서 '미치겠다', '죽고 싶다'는 절망을 키우게 되고, 결국 그 사람들에게는 미치고 싶고, 죽고 싶은 일만 일어나게 되는 것입니다.

결국 자신의 미래기억 속에 감자나 고구마처럼 절망의 씨앗을 심는 셈입니다. 그 씨앗은 한번 심으면 스스로 영양분을 흡수하면서 계속 증식합니다. 그래서 점점 더 커다란 절망을 생성해냅니다.

생각의 근원을 바꿔야 합니다. 원하지 않는 것은 아예 생각조차 하지 않아야 합니다. 복숭아 알러지가 있는 사람은 복숭아를 보기만 해도 두드러기가 생깁니다. 먹거나 만지지도 않았는데도 생각만으로 변화가 생깁니다.

'담배를 끊겠다'고 생각하면 끊겠다는 생각 전에 먼저 담배의 달콤한 유혹이 시작됩니다. 처음부터 담배가 아닌 다른 것을 생각해야 합니다. 사랑스런 자녀들이 친근하게 다가오는 장면, 건강하고 튼튼한 몸매를 자랑하는 모습을 상상하는 것입니다.

생각의 힘을 증명하는 기적 같은 사례가 또 있습니다.

미국과 베트남이 전쟁 중이었던 1965년 베트남의 한 포로 수용소에서 있었던 실화입니다.

포로들에게 내일이 없습니다. 포로들은 모진 고문과 열병 속에 하나둘 죽거나 미쳐가고 있었습니다. 하지만 그들 중 한 사람인 '조지 홀'은 달랐습니다. 그는 7년 동안의 수감생활을 꿋꿋이 버텨내고 1973년 귀국합니다. 그리고 불과 그 한 달 뒤, 유력한 우승후보를 제치고, 〈뉴 올리언즈 골프대회〉에서 우승을 합니다. 우승 상금은 125,000달러. 살아 돌아온 것만으로도 기적인데 어떻게 이런 일을 해낼 수 있었을까요?

"지난 7년 동안 상상 속에서 매일 매일 총 4,000여 회의 라운딩을 했습니다."

그는 작은 감방에 갇혀서 골프공도, 골프 클럽도 없이 상상만으로 필드를 누빈 것입니다. 처참할 정도로 절망적인 상황에서도 꿈과 희망을 놓지 않은 것입니다. 그 결과는 보는 사람의 눈을 의심하게 만들 정도였습니다.

이것은 사람에 국한되는 현상이 아닙니다. 동물들에게도 마찬가지입니다.

사막여우는 육지여우와는 다르게 귀가 상당히 큽니다. 생존을 위해 귀를 키운 것입니다.

지금의 사막은 사막이 아니었습니다. 6천 년 전까지만 해도 이집트는 초목지대였습니다. 그런데 강우전선이 이동을 하면서 비가 내리지 않아서 사막이 된 것입니다. 사막이 되면서 사막의 여우들은 햇볕을 피할 그늘을 찾지 못해 체온이 상승하고 결국은 죽게 되었습니다.

사막여우는 생존하기 귀를 키웠습니다. 커다란 귀로 체온을 발산시켜서 생명을 유지시켰지요. 이것이 바로 진화입니다. 사막여우는 자신의 뇌에 생존을 위해 귀를 키우라고 끊임없이 주문했고, 그 결과 귀가 커진 것입니다.

사막여우와는 반대되는 예로 북극여우가 있습니다. 북극여우는 귀가 몸 속으로 들어가서 극히 일부만 노출되어 있습니다. 귀의 노출을 최소화시켜서 체온을 보존하려는 노력이 만든 결과이지요.

이런 현상을 '피그말리온 효과'라고 합니다. 피그말리온은 그리스 신화에 나오는 조각가입니다. 그는 자신이 만든 조각이 너무 아름다워서 미의 여신 아프로디테에게 사람으로 만들어달라고 끊임없는 기도했지요. 그 결과 사람이 된 조각과 결혼해서 행복하게 살았답니다.

이와 반대되는 것이 '스티그마 효과'입니다. '낙인 효과'라고도 합니다. 남들로부터 부정적인 낙인이 찍히면 자신도 모르게 나쁜 쪽으로 변해가는 효과입니다. '나는 안 될 거야'라고 믿으면 절대로 이루어지지 않는 무서운 현상입니다.

자신을 믿는 것은 이처럼 중요합니다. 태권도 격파 선수들은 벽돌을 격파하기 전에 이미 벽돌이 격파되었다고 상상합니다. 격파 순간에 '내가 이것을 격파할 수 있을까?'라고 0.1퍼센트라도 의심하면 손이 부러집니다.

결과를 바꾸려 하지 말고, 원인을 바꿔야 결국 결과가 바뀌는 것입니다. 본인이 진정으로 갖고 싶거나 이루고 싶은 것을 뇌 속에 미리 심어 놓고 꾸준하게 노력하는 것입니다. 그러면 일정한 시간이 지나면 마법처럼 그 꿈은 이루어집니다.

"가난하게 태어난 것은 당신의 잘못이 아니다. 그러나 가난하게 죽는 것은 당신의 잘못이다."

그래서인지 빌 게이츠의 이 말이 더욱 마음에 깊이 박힙니다.

아무리 절망적인 상황에서 태어났더라도, 살아가면서 희망을 가슴에 품고 산 사람은 성공한 삶을 살 수밖에 없습니다. 스스로 만족스럽고 행복한 삶을 살게 된다면 돈은 큰 문제가 되지 않습니다.

빌 게이츠의 말을 풀이하면 이렇습니다.

"당신이 절망적인 상황에서 태어난 것은 당신의 잘못이 아니다. 그러나 희망을 갖지 못하고 절망 속에서 죽어간 것은 당신의 잘못이다."

희망은 누군가 선물해줄 수도, 돈을 주고 살 수도 없습니다. 당신이 스스로 마음속에서 만들어 심어야 하는, 공짜지만 그 가치만은 돈으로 환산할 수 없습니다. 희망, 아무리 생각해도 기특하고 고맙지 않나요?

절실한 희망은 이루어진다

호주의 원주민들은 주술사의 저주 주문을 들으면 시름시름 앓다가 며칠 만에 목숨을 거둡니다. 미국의 생리학자 월터 캐넌은 이런 현상을 부두 죽음 voodoo death 이라고 부릅니다. 부두는 서인도 제도 아이티의 원시종교입니다.

주술사의 저주 주문으로 죽은 사람이 적지 않은 것으로 알려져 있는데 이런 현상은 원시부족 사회에서나 발생하는 것이 아닙니다.

영국 시사주간지 〈뉴 사이언티스트〉에 따르면 이런 유사한 사례가 선진국에서도 빈번하게 발생하고 있음을 알 수 있습니다. 단지 주술사의 저주 주문이 의사의 죽음을 암시하는 소견으로 바뀌었을 뿐입니다. 즉, 의사로부터 죽음을 암시하는 말을 듣게 되면 절망에 빠져서 삶의 의지를 쉽게 포기하게 됩니다.

"이제 치료는 끝났습니다. 댁으로 돌아가셔서 마음의 준비를 하십시오. 6개월이 고비입니다."

그 말을 들은 환자는 대부분 6개월 안에 사망합니다.

의사의 말이 환자에게 부정적인 감정이나 기대를 유발하여 아무런 의학적 근거 없이 환자에게 피해를 입히는 현상을 '노시보 효과 nocebo effect'라고 합니다. 노시보는 '나는 상처를 입을 것이다'라는 뜻입니다. 실제로 이런 놀랍고 무서운 노시보 효과가 미국 교도소의 사형집행 과정에서 검증되었습니다.

사형 직전에 사형수에게 이야기합니다.

"당신은 워낙 흉악범이라 다른 사형수처럼 죽이지 않고, 당신의 눈을 가리고 팔다리를 묶은 당신 오른 손의 동맥을 칼로 끊어서 당신 몸 속에 있는 모든 피가 빠져 나오게 한 다음 천천히 고통스럽게 죽게 할 것입니다."

목사님의 기도가 끝나고 사형수의 눈을 가리고, 양손을 묶은 다음, 오른 손목을 칼로 그었습니다. 실제로 사형수는 하루 만에 죽었습니다.

그런데 그 사형수는 과다출혈로 죽은 것이 아니었습니다. 이 실험은 사형수의 손목 동맥을 자르지 않고, 피부를 칼로 그었고(물론 피는 흘렸지만 지혈되었음), 그 순간 환자 몰래 미리 장치한 통에서 물이 바닥에 '똑, 똑, 똑' 떨어지는 소리가 들리도록 하였습니다.

사형수는 그 물방울이 자신의 몸에서 피가 멈추지 않고 빠져 나오는 것으로 생각했고, 결국 사망한 것입니다. 생각이 우리를 죽게도 하고, 살게도 하는 것입니다.

이런 현상이 과학적으로 어떻게 설명될 수 있을까요?

뇌 속에서 신경호르몬이 생성됩니다. 도파민은 쾌감 호르몬으로 뇌 신경 세포의 흥분 전달 역할을 합니다. 아드레날린은 공포 호르몬으로 몸에 혈당량과 혈압을 상승시키고 몸의 긴장을 높입니다. 노르 아드레날린은 분노 호르몬으로 강한 독성물질인 활성산소를 발생시킵니다. 이는 병이나 노화를 촉진하고, 공황장애, 자살충동을 유발합니다. 또한 세포가 자살하도록 유도합니다. 이 호르몬의 분비가 계속되면 뇌기능에도 영향을 끼칩니다.

남에게 화, 증오 등 부정적 감정을 계속 품고 있으면 지속적으로 노르 아드레날린이 분비됩니다. 스스로에게 계속 스트레스를 주는 것이죠. 생각할수록 자신은 화가 나고, 화나면 아드레날린과 노르 아드레날린은 더욱 증가합니다.

이 과정에서 뇌세포는 조금씩 망가지는 것입니다. 아드레날린과 노르 아드레날린은 체중 1kg당 1mg만 투여해도 즉사하는 독입니다. 방울뱀이나 독사보다 훨씬 더 무서운 맹독을 인간이 갖고 있는 것이죠. 결국 남을 미워하는 증오가 자신을 죽음으로 몰아가는 것입니다.

노시보 효과의 반대 효과는 플라시보 효과입니다. 플라시보 효과는 환자를 안심시키기 위해 가짜 약을 투여했는데도 심리 효과에 의해 환자의 상태가 실제로 개선되는 현상입니다. 인체가 스스로 치유 능력을 갖고 있다는 것을 검증하는 사례입니다.

간절한 희망은 반드시 이루어집니다. 희망을 심고 그것이 희망이라고 우기면 뇌는 그것이 희망인 줄 알고 속게 되어 있습니다.

저는 손금이 특이합니다. 'KBS 아침마당', 'MBC 기분 좋은 날', 'MBC 희망특강 파랑새' 등 방송에서 소개한 적이 있습니다. 제 손금은 두 줄입니다. 가운데 줄이 직선이고, 손목 쪽으로 직선인 막금입니다. 어렸을 때 선생님께서 제게 말씀하셨습니다.

"너는 손금이 특이하구나. 남들과 많이 달라."

저는 집으로 오자마자 어머니께 여쭈었습니다.

"저는 손금이 왜 이래요?"

"너는 인생이 이미 결정됐단다."

"그게 무슨 말씀이세요?"

"너는 둘 중 하나란다. 성공 아니면 출세."

그날 이후로 저는 힘든 일이 있을 때마다 제 손금을 봅니다. '그래, 우리 엄마가 말씀하셨어. 나는 성공과 출세, 둘 중에 하나라고!'

제가 힘들 때 손금을 들여다보듯이 제 친구 중에 한 명은 힘들 때면 수첩에 끼워진 아내 사진을 봅니다.

그러던 어느 날, 아내가 묻더랍니다.

"여보, 내 사진이 당신에게 그렇게나 큰 힘이 되나요?"

"응, 힘든 일이 생길 때마다 이 사진을 보면서 생각하지! 세상에 이보다 더 힘든 일이 있을까!"

사실 손금이 막금이라는 것만으로 성공과 출세, 둘 중에 하나라는 것을 과학적으로 입증할 수는 없습니다. 전혀 의미가 없는 것이죠.

그러나 제게는 의미가 있습니다. 막금은 성공과 출세, 둘 중에 하나라는 어머니의 말씀은 제게 희망 100, 절망 0이라는 생각을 갖게 합니다. 그래서 저는 좌절할 때마다 손금을 보면서 주문을 외웁니다.

"그래, 성공한 인물치고 좌절과 절망, 고통을 맛보지 않은 사람을 본 적이 없었어. 지금 내게 닥친 이 좌절과 절망은 성공을 이루기 위한 과정일 거야. 그래 다시 한번 힘을 내자."

이렇게 스스로 각오를 다져 다시 도전합니다.

지금 당신 앞에 놓여 있는 좌절과 절망도 마찬가지입니다. 더 큰 성공을 위한 과정과 절차일 뿐입니다. 문제는 당신이 그 좌절과 절망을 대하는 관점과 태도입니다.

"나는 이제 완전히 끝장났구나!"라며 스스로에게 노시보 효과를 심을 것인지, "더 큰 성공을 위해 나를 단련시키는구나!"라며 플라시보 효과를 심을 것인지에 대한 선택은 당신의 몫입니다.

분명한 것은 당신의 뇌는 당신의 주문대로 움직인다는 사실입니다.

뇌를 속이세요. 단, 희망으로 속이세요. 당신 앞에 놓여 있는 좌절과 절망은 당신을 더 큰 성공으로 안내하는 과정과 절차라고 당신의 뇌에게 위안을 주세요. 그리고 다시 한번 도전해보세요. 두 번 넘어졌으면 세 번 일어나보세요. 다섯 번 넘어졌으면 여섯 번 일어나보세요. 당신은 더욱더 강인해질 것입니다. 어지간한 충격은 충분히 감수할 수 있는 맷집이 생길 것입니다.

마이크로 소프트의 초기 비전은 단순하고 명쾌했습니다. 빌 게이츠의 비전은 "모든 책상과 가정에 컴퓨터를!"이었습니다. 방 하나를 채우는 기업용 슈퍼 컴퓨터가 주류였던 시장에서, 전세계의 모든 가정과 책상 위에 개인용 컴퓨터를 올려놓겠다는 그의 비전은 불가능하게만 보였습니다. 그러나 빌 게이츠는 대중이 사용하기 쉬운 소프트웨어를 잇달아 개발해 내어 누구나 쉽게 사용할 수 있는 개인용 컴퓨터를 현실화시켰고, 마이크로 소프트는 마침내 세계에 우뚝 섰습니다.

빌 게이츠는 지금도 매일 아침에 침대에서 일어나면서 두 가지 주문을 반복해서 외운다고 합니다.

"왠지 오늘은 나에게 큰 행운이 생길 것 같다."

"나는 무엇이든 할 수 있다."

크게 성공한 사람들을 분석해보면 한 가지 공통점이 있습니다. 수 없는 좌절과 절망의 늪을 끈질기게 헤쳐나왔다는 점이지요.

타잔이 맹수들이 득실거리는 밀림에서 생존하는 이유는 줄을 잘 타기 때문입니다. 그런데 이 줄에서 다른 줄로 옮겨 타려면 쥐고 있는 줄을 과감하게 놔야 합니다. 그 줄을 놓지 못하면 결코 새로운 줄을 잡을 수 없습니다. 새로운 줄을 잡지 못해 추락하면 사자나 악어의 먹이가 될 뿐입니다.

당신이 잡고 있는 절망의 밧줄을 놓아야 희망의 밧줄을 잡을 수 있습니다. 하지만 누구도 대신 당신에게 희망의 줄을 쥐어줄 수 없습니다.

마찬가지로 그 누구도 당신을 절망에 이르게 할 수 없습니다. 당신을 절망하게 만들 수 있는 유일한 사람은 바로 당신 자신입니다. 당신 자신이 스스로에게 가장 큰 친구가 될 수도, 적이 될 수도 있다는 것을 항상 잊지 말아야 합니다. 희망을 가지고 살아가는 한, 절망은 당신을 무너뜨릴 수 없습니다. 굳건한 방패처럼 절망의 화살들을 막아줄 수 있는 비장의 무기는 희망, 희망입니다.

희망, 그 놀라운 도미노

희망은 치명적인 전염병입니다. 강한 전염성은 그 어떤 백신으로도 막을 수 없습니다. 하지만 생명을 앗아가는 전염병이 아니라 생명을 불어넣어 주는 고마운 전염병입니다. 절망에 빠진 100명 사이에 희망이라는 전염병에 걸린 사람이 한 명 있다면 나머지 99명은 반드시 희망이라는 전염병에 옮게 되어 있습니다. 절망이라는 암이 온몸에 퍼져 있던 사람도 마음 한 구석에 희망이라는 전염병 보균자를 지니고 있다면, 절망이라는 암은 치유될 수 있습니다.

최근, 우리에게 희망이라는 전염병을 퍼트리고 있는 야구팀이 있습니다. 김성근 감독이 이끄는 고양 원더스는 야구를 보는 재미에 실패를 딛고 일어선 사람들의 희망찬 도전을 보는 재미를 더해주는 팀입니다.

팀의 이름인 '원더스wonders'는 '기적, 경이로움'을 의미합니다. 그 이름처럼 '고양 원더스'는 무명의 선수에게 화려하게 비상할 수 있는 날개를 달아주는 것을 목표로 삼았습니다.

2012년 12월, 고양은 프로구단에서 방출되거나 지명 받지 못한 선수들을 모아 우리나라 최초로 독립구단을 창단했습니다.

"프로에서 원하는 선수가 있다면 조건 없이 보내주겠습니다. 기회를 잃은 선수들에게 다시 일어설 자리를 마련해주는 것이 우리의 목표입니다."

고양시는 창단목표를 이렇게 밝혔지만 이 팀의 출신 선수가 프로에 진출할 가능성이 크다고 생각하는 사람은 많지 않았습니다. 그러나 놀라운 일이 벌어졌습니다.

실패에 굴하지 않고, 희망을 품고 다시 도전한 사람들의 무서운 투지와 열정은 그 무엇으로도 막을 수가 없었습니다. 차라리 죽는 게 나을 만큼 고된 훈련, 선수들을 절대로 다시 절망의 늪에 빠지게 할 수 없다는 김성근 감독의 집념이 놀라운 성과를 만들어낸 것입니다. 그들은 서로가 서로에게 희망이라는 전염병을 퍼뜨렸고, 희망은 그들에게 제 모습을 고스란히 드러냈습니다.

퓨처스리그(2군)로 시즌에 참여한 고양 원더스는 성적에 대한 우려를 말끔히 씻어냈습니다. 전력상의 격차를 극복하고 48번의 교류 경기 중 20승 7무 21패라는 기대 이상의 성적을 거두었습니다. 또한 5명의 선수가 프로 무대로 진출했습니다.

고양 원더스의 희망 전염병 전파는 여기서 끝나지 않았습니다. 2012 시즌 홈경기 입장권 판매 수익금 709만2900원 전액을 다른 희망을 키우기 위해 기꺼이 내놓았습니다.

"원더스를 응원하는 팬들에 의해 조성된 수익이기 때문에 그들에게 돌려주는 것은 당연합니다."

희망이 희망에게, 또 다른 희망이 또 다른 희망에게 희망을 전파하는 놀라운 도미노. 이 기분 좋은 전염에 온 국민이 감염되었습니다.

"나는 그저 이기는 법을 가르칠 뿐입니다. 약자가 강자에게 이길 수 있는 것이 야구입니다. 강한 사람이 항상 강하고, 약한 사람이 항상 약하라는 법은 없습니다. 승부는 어떻게 될지 아무도 모르지요. 나는 선수들에게 생각을 바꾸는 법을 가장 먼저 가르칩니다. 생각이 바뀌면 행동이 바뀌고, 행동이 바뀌면 습관이 바뀝니다. 습관이 바뀌면 성격까지 바뀝니다. 성격이 바뀌면 운명과 인생이 바뀌는 것이죠. 단, 그것에는 바뀌겠다는 용기가 필요합니다."

지옥 훈련으로 오합지졸 팀을 공포의 외인구단으로 바꾸어놓은 김성근 감독의 말은 많은 것을 생각하게 해줍니다.

인생의 전광판에는 아웃을 카운트하는 빨간 램프가 없습니다. 인생이라는 게임에서 선수를 아웃시키는 것은 포기뿐입니다. 포기라는 투수가 열심히 공을 날려오면 우리는 멋지게 받아 치면 됩니다. 스트라이크도 좋고, 볼이면 어떻습니까. 인생에는 삼진 아웃이 없습니다. 희망이라는 방망이를 잡고 열심히 휘두르다보면 홈런을 날릴 날은 반드시 옵니다, 반드시.

희망학교의 꿈

저는 꿈이 있습니다. 희망학교를 만드는 것입니다. 희망학교는 좌절과 절망에 빠진 사람, 실패한 사람들을 모아서 그들에게 패자부활전의 기회를 주는 것이 제 꿈입니다.

그들에게 살아야 할 이유를 발견하게 하고, 다시 도전할 수 있는 투지를 심어주고, 그 도전이 성공할 수 있다는 꿈과 희망으로 무장하게 하는 것이지요. 패자부활전을 승리로 이끌도록 지원하는 학교를 만드는 것이 저의 오랜 소망입니다.

벼랑 끝에 있는 사람들에게 이 절망 또한 지나면 별 것 아니라는 것을, 희망을 품고 포기하지 않으면 반드시 이룰 수 있다는 것을 알려주고 싶습니다.

그런 꿈을 이루기 위해 이 책을 쓰기 시작했고, 이 책으로 얻는 수익은 희망학교를 건립하는 데 사용할 것입니다.

제가 희망학교를 만들겠다는 꿈을 꾸게 된 배경이 있습니다. 저 역시 인생의 벼랑에 서서 절망의 끝을 경험해본 적이 있었기 때문이었지요.

저는 대학교수가 되기 전에 사업을 했었습니다. 출발은 좋았지만 외부환경 변화와 주변의 방해로 회사경영이 어려워지기 시작했습니다. 시간이 지나면서 누적 적자가 점점 심화되었고, 회생의 기미가 보이지 않았습니다. 저는 모든 것을 책임지고 있는 대표로서 막막하기 그지 없었습니다.

퇴근 후 하루도 빼놓지 않고 새벽까지 그 당시 숙소였던 아파트 10층의 베란다에 서서 멍하니 창 밖을 내다보았습니다. 그게 제가 퇴근 후 할 수 있는 일의 전부였으니까요. 주량이 소주 한 병이었는데 이상하게도 다섯 병을 마셔도 취하지 않았습니다. 그렇게 저는 10층 베란다에서 절망을 키워나갔습니다. 아득한 발 아래를 내려다 보며 뛰어내릴까 말까, 희망과 절망의 기로에서 긴 밤을 지새웠지요.

철저히 혼자라는 생각이 들었습니다. 모든 사람들로부터 완전히 단절됐고, 부채는 이미 제 능력을 벗어난 지 오래였습니다. 그저 눈 한번 질끈 감고 뛰어내리면 모든 것에서부터 벗어날 수 있을 것 같았습니다. 모든 고민이 사라지고 평화로운 숙면을 취할 것 같다는 생각이 들었습니다. 다른 선택의 여지는 없어 보였습니다. 막상 그렇게 마음을 먹고 나니 거짓말처럼 마음이 편안해졌습니다.

굳이 말하지 않아도 아시겠지만, 저는 10층 베란다에서 뛰어내리지 않았습니다. 그리고 그 일이 제가 지금까지 했던 일 중에 가장 잘한 일이라고 생각합니다. 그때 너무 아플 것 같아 선뜻 용기를 못내게 해준 아파트의 시멘트 바닥과 더는 등을 떠밀지 않은 내 절망에게 무척 고맙게 생각합니다. 그때 느꼈던 감정과 그 철저히 바닥을 쳤던 실패의 경험은 지금의 제게 큰 자산이 되었으니 더더욱 고마운 일이 아닐 수 없습니다.

지금도 이런 생각을 해봅니다.

'사업을 하다가 실패한 것이 내 목숨을 던져야 할 만큼 잘못한 일인가?'

천만에요. 왜 죽습니까? 부채는 갚으면 되고, 사업이야 다시 하면 되는 것을. 지금은 저를 고통스럽게 했던 사람들에게 감사한 마음이 듭니다. 그들이 없었다면 지금의 저는 없었을 것입니다.

저는 절망에 빠질 때마다 그 절망에서 도망치려고 발버둥쳤습니다. 누군가 다리를 걸어서 넘어뜨리면 그 질곡에서 도망치려고 발버둥쳤습니다. 누군가 뒤통수를 때리면 도망치려고 발버둥쳤습니다. 도망치려다 보니 남들이 잘 때도 뛰어야 했고, 남들이 쉴 때도 뛰어야 했습니다. 결국은 그것이 '절망하지 않는 오늘의 나'를 만들었습니다.

지금은 그때 제 다리를 걸고, 뒤통수를 쳤던 사람과 시련에게 진심으로 감사하게 생각합니다. 그 시련과 절망이 저를 여기까지 오게 했으니.

간혹 이런 생각이 들기도 합니다. 제가 희망학교를 세울 필요가 없어야, 절망에 빠져서 실패에 무너져서 아파하는 사람이 없어야 좋은 것이 아닐까 하는.

정말 그렇게만 된다면 제 꿈과 희망이 무너져도 너무나 행복할 것 같습니다. 어쩌면 저는 희망학교를 세우겠다고 하는 꿈을 꾸기보다는 희망학교가 필요 없는 사회가 되기를 기도해야 할지 모르겠습니다. 꿈이 이루어지지 않도록 하는 기도, 아이러니하지만 오늘부터는 그런 기도를 한번 해봐야겠습니다.

목표를 만드는 방법

 캐나다 출신 영화배우가 있습니다. 아무도 그를 알아주지 않던 무명 시절에 문방구에서 백지 수표를 사서 들고 할리우드 산 정상에 올라가서 이렇게 적었다고 합니다.

수표지급금액 : 1,000만 달러

지불자 : 할리우드 영화사 사장

지불 받는 날 : 1995년 추수감사절 전

지불 받는 자 : 자기 이름

'영화 출연료로 1,000만 달러를 받는 대배우가 되겠다'고 결심했는데, 그 비전을 잊지 않으려고 그만의 작은 방법을 실행한 것입니다. 그는 자기가 서명한 1,000만 달러 수표를 4년 동안이나 지갑에 가지고 다녔습니다.

그러던 어느 날, 할리우드 영화사의 사장이 1,000만 달러짜리 수표를 들고 찾아와서 말합니다.

"당신이 우리 영화의 주인공으로 선정됐으니 출연해주세요."

그가 바로 짐 캐리이고, 그때 출연한 영화가 〈마스크〉라는 영화입니다. 바버라 월터즈가 짐 캐리와 인터뷰 당시 물었습니다.

"그 수표가 현실적으로 실현될 것을 믿었나요?"

"저는 단 한 순간도 그 수표를 의심한 적이 없습니다."

얼마 전에 인터뷰를 보니 짐 캐리는 성공한 후에 그 수표를 아버지께 드렸고, 아버지는 지금도 그것을 소중하게 간직하고 있다고 합니다.

어릴 적에는 누구나 꿈을 갖고 있었지만 성인이 되면 대부분 꿈을 잃어버리고 삽니다. 강의 중에 '꿈이 있습니까?'라고 물으면 많은 사람들이 당황해 합니다. 꿈이 있다고 손을 드는 사람은 100명 중에 1명, 1퍼센트도 안됩니다.

처음부터 우리에게 꿈이 없었던 것은 아닙니다. 우리에게도 꿈이 있었습니다. 단지 우리에게 꿈이 있다는 것을 잊어버렸을 뿐입니다.

인생에서 가장 중요한 근본 조건 중에 하나가 바로 꿈입니다. 고단한 인생을 살아내게 하는 것 역시 꿈입니다. 그런데 지금의 우리는 왜 꿈이 없을까요? 그 이유는 꿈을 목표로 만들지 못하기 때문입니다. 꿈 자체로는 실현될 가능성이 매우 낮습니다.

일반적으로 꿈을 이루지 못하는 이유는 다음과 같습니다.

― 꿈을 이루는 것이 너무 힘들어서

― 꿈에 대한 구체적인 이미지가 그려지지 않아서

― 작심삼일

― 행동으로 이어지지 못해서

― 일상을 바쁘게 사느라고

― 실천하려니 고통이 뒤따르기 때문

다음 중 목표라고 생각되는 것은 몇 개일까요?

― 부모님께 효도하자

― 1년에 10억 원을 모은다

― 중국어 공부를 한다

― 몸무게를 10kg 줄인다

이중에 목표로 정의될 수 있는 것은 하나도 없습니다. 목표는 다음과 같은 4가지 조건이 필요합니다.

구분	목표가 아님	목표
1. 구체성	부모님께 효도하자	일주일에 3통화 이상 안부전화
2. 객관성	1년에 10억 원을 모은다	20년에 10억 원을 모은다
3. 측정성	중국어 공부를 한다	하루에 3시간 이상 중국어공부
4. 시효성	몸무게를 10kg 줄인다	6개월 안에 10kg 줄인다

결국 꿈을 목표로 만들면 성취하는 방법이 나오는 것입니다. 꿈을 구체적인 목표로 만드는 방법 중 하나가 보물지도를 만드는 것입니다. 보물지도는 다음과 같이 만들 수 있습니다.

〈보물지도 만들기〉
① 전지를 준비하고 전지 상단에 제목 정하기(예 : 송진구의 보물지도)
② 중앙에 목표를 달성하고 행복하게 웃고 있는 자신의 사진 붙이기
③ 이루고 싶은 꿈과 목표, 갖고 싶은 대상(집, 차, 세계일주 등) 등 시각자료 오려서 붙이기
④ 시각자료 밑에 목표가 달성되는 연월일을 구체적으로 기록하기
⑤ 꿈과 목표가 달성되었을 때 나와 내 주변사람의 느낌을 기록하기
⑥ 목표 달성이 내 인생의 목적, 가치관과 일치하고 있는지 검토
⑦ 책상 위, 침대 옆 등 가장 잘 보이는 곳에 붙여놓기

인천재능대학교에서 제가 담당하고 있는 것이 〈비전설계와 자기경영〉이라는 과목입니다. 신입생이 2,000명 정도되는데, 그 중에 연간 500명 정도가 제 과목을 수강합니다. 인생의 꿈과 비전을 설계하는 과목인데, 리포트 중에 하나가 〈보물지도 만들기〉입니다. 꿈과 목표를 수립하는 방법을 학습하는 과목이지요.

학생들은 보물지도 만들기가 완성이 되면 자신의 보물지도를 들고 나와서 발표를 하고, 저는 그 발표 장면을 영상으로 녹화해서 항상 볼

수 있도록 합니다.

다음은 보물지도 사진입니다.

꿈을 그냥 꿈으로만 갖고 있으면 그 꿈은 이루어지지 않습니다. 그야말로 꿈이지요. 그러나 그 꿈에도 날짜를 적으면 그것은 실제적인 대상인 목표로 전환됩니다.

우리 학생들은 보물지도를 책상 앞이나 침대 옆에 붙여놓고 자기 전에도 그 꿈과 목표를 보고, 자고 일어나서도 가장 먼저 그 꿈과 목표를 보며, 꿈속에서 조차도 그 꿈과 목표에 관한 꿈을 꿉니다. 이런 꿈과 목표를 갖고 있는 학생과 그렇지 않은 학생들의 미래가 같을까요? 천만에요. 절대로 같을 수가 없습니다.

당신도 마찬가지입니다. 당신이 간절하게 원하는 꿈과 목표를 만들어서 붙이세요. 물론 날짜를 반드시 적어야 됩니다. 우리 학생들처럼 이렇게 구체적으로 보물지도를 만들 것 까지는 없습니다.

백문불여일견百聞不如一見이라는 말이 맞습니다. 백 번 듣는 것보다 한 번 보는 것이 효과적입니다. 당신의 꿈과 목표가 정해지면 매일매일 대하는 일상적인 일들이 다르게 보이기 시작합니다. 그 동안 무심하게 지나쳤던 일상과 사물들이 당신의 꿈과 연계되어 있음을 느끼게 될 것입니다.

세상의 모든 것은 서로 유기적으로 연계되어 있습니다. 이것저것 가져다가 의미를 부여하고 모아보세요. 당신이 살 그림 같은 집을 짓기 시작하는 겁니다. 나무는 기둥에, 돌은 바닥에, 꽃은 정원에 가져다가 놓으면 됩니다. 보이는 것을 가져다놓는 단계가 지나면 보이지 않는 것을 찾으러 다니는 단계로 발전합니다.

때로는 잠을 아낍니다. 때로는 더 멀리 찾으러 가는 수고를 아끼지 않습니다. 그러면서도 힘들거나 피곤하지 않습니다. 그 이유는 이 과정 너머에는 무엇이 당신을 기다리고 있는지 알고 있기 때문입니다. 매일매일의 일상이 신나는 일의 연속입니다. 내 꿈과 조금씩 가까이 다가가고 있으니까요.

이런 과정을 되풀이하다 보면 바뀌는 것이 있습니다. 가장 먼저 당신의 생각이 바뀝니다. 그리고 그 다음으로 표정이 바뀌고, 이어서 습관이 바뀝니다. 결국에는 당신의 인생이 바뀝니다. 늘 당신의 꿈을 목표로 바꾸고, 그것을 현실로 만드는 것에 몰입하세요. 그러면 반드시 당신의 꿈은 이루어질 것입니다.

　꿈을 이루겠다는 희망을 가지고 있으면 이루지 못할 것이 없습니다. 희망은 꿈이라는 나무를 자라게 하는 훌륭한 거름입니다. 희망이라는 거름으로 자라지 못하게 할 나무는 없습니다.

꿈을 이루는 5가지 단계

 꿈을 이루는 방법을 과일나무에 비유해서 정리하면 다음과 같습니다.

① 결정하라

당신이 어떤 과일을 가장 좋아하는지를 결정하는 것이 최우선입니다. 당신이 진정으로 원하는 것이 무엇인지 그 목표를 설정하는 것이 당신이 원하는 것을 얻는 첫 번째 단계입니다. 그리고 당신이 좋아하는 과일이 주렁주렁 매달려 있는 모습을 상상하세요. 그 과일은 당신이 꿈을 향해 오랫동안 수고한 보상입니다.

② 심어라

콩 심은 데 콩 나고, 팥 심은 데 팥이 납니다. 당신이 가장 좋아하는 과일을 결정했으면 당신이 결정한 과일의 씨앗을 심어야 합니다. 씨앗을 심지 않으면 나무는 자라지 않고, 열매도 맺지 못합니다. 행동은 당신의 꿈을 이루게 하는 진정한 동력입니다. 행동을 동반하지 않는 꿈은 달성되지 않습니다.

③ 물을 줘라

관리하지 않으면 과일을 자라지 않습니다. 물을 주고, 거름을 주며, 가지를 쳐주어야 합니다. 그런 습관을 정착시켜야 합니다.

④ 대표 과일로 만들어라

세상에는 수많은 과일이 있지만 당신의 과일을 가장 맛있는 과일로 만들어야 합니다. 이것은 몰입할 때만 가능합니다. 당신의 과일에 완전히 몰입하세요. 그러면 많은 사람들이 부러워하는 하나밖에 없는 값진 대표 과일을 만들 수 있습니다.

⑤ 포기하지 마라

여름에는 태풍과 폭우가 쏟아져서 가지가 부러지기도 하고, 겨울에는 혹한이 와서 당신의 수고를 무참하게 짓밟고 무너뜨릴 수 있습니다. 그래도 포기하지 마십시오. 어떠한 위기가 오더라도 그 위기를 극복하십시오. 포기하지 않으면 당신의 꿈은 이루어집니다.

희망의 끈을 놓지 않은 사람들①
— 김광석 참존 회장

　　MBC 〈희망특강 파랑새〉 프로에서 주제인물이었던 참존 김광석 회장에 관한 강의를 하기 위해 그를 인터뷰한 적이 있습니다.

그는 일곱 살 때부터 목판을 메고 장 마당을 돌아다니면서 까치 담배를 팔았고, 초등학교 때부터 땔감으로 쓸 나무 껍질을 벗겨서 새벽에 한 지게, 방과후에 한 지게 해와야 했습니다.

월사금을 못 내서 수업도 못 듣고 쫓겨난 일, 친척집에 식량을 빌리러 갔다가 밥 한끼 못 얻어먹고 빈손으로 돌아오는 길에 너무 배가 고파 무 장다리를 꺾어먹고 위 경련이 일어나서 기절했던 일 등 어린 시절에는 먹고 사는 일에 매달려야 했습니다. 그래서 이 가난의 대물림을 자신이 끊어야겠다고 결심했답니다.

고등학교를 졸업하고 대학에 가려고 할 때 아버지가 조용히 부르시더니 이렇게 말씀 하시더랍니다.

"너 정말 대학에 꼭 가야겠느냐? 지금부터 확실하게 생각해서 결정해라. 남들 대학 간다고 아무 생각 없이 따라가면 안 된다. 만약 큰 뜻이 없다면 대학을 포기하고 취직해서 돈 버는 게 낫다. 정히 대학에 꼭 가야겠다면 나를 한번 설득해보거라."

"제가 대학에 가야 하는 이유를 말씀드리겠습니다. 우선 대졸 김광석과 고졸 김광석이 있다고 가정해보십시오. 만약 둘이 어떤 직장에 들어갔다면 그 사장은 둘을 각자 합당한 곳에 배치할 것입니다. 그런데 사장한테 갑작스런 일이 생겨 두 사람 가운데 꼭 한 사람에게만 일을 맡기고 가야 된다면, 과연 누구에게 일을 맡기겠습니까? 고등학교만 졸업해서 그 분야만 알고 있는 저에게 맡기겠습니까, 아니면 대학을 졸업해서 전체를 볼 줄 아는 저에게 맡기겠습니까?

저는 대학 4년 동안 견문을 넓히고 세상 보는 눈을 키울 생각입니다. 또 친구들도 많이 사귈 겁니다. 그리고 제 꿈을 펼칠 겁니다. 그래서 대학을 꼭 가야 합니다. 돈은 대학을 졸업한 뒤에 크게 벌 수 있습니다."

아버지는 두말 않고 허락해주셨다고 합니다.

김광석 회장은 1966년 성균관대학 약대를 졸업하고 바로 약국을 개업했습니다. 인현동 스카라 극장 앞 골목에 있는 약국을 인수해서 '피보 약국'을 개설했는데 결과적으로 입지선정을 잘못했습니다. 골목 초입에 약국이 두 군데나 있어서 골목 안에 있는 김 약사네 약국으로 약을 사러 오는 사람이 없었습니다. 외상으로 들여놓은 약은 먼지만 뽀얗게

쌓여가고 빚은 늘어만 가고 있었습니다.

무엇인가 대책이 필요했습니다.

그래서 그는 약국을 살릴 방법은 조제약을 만들어서 파는 방법밖에 없다고 판단을 하고 약 조제를 시작했습니다.

1964년, 동경올림픽에 참가했던 사람들이 옮아왔다고 해서 '왜옴'으로 불렸던 피부병이 유행을 하고 있습니다. 왜옴은 확산속도도 무척 빠르고 한번 걸리면 잘 낫지 않는 고질병이었습니다.

그도 목욕탕에서 왜옴에 옮아서 고통을 겪다가 몇 가지 기존 약품을 섞어서 발랐더니 씻은 듯이 나았다고 합니다. 그는 본격적으로 외용약을 개발하기 시작했고, 약국 앞에 〈피부병에 잘 듣는 조제약 있습니다〉라고 적은 광고판을 내걸었습니다.

그 사이에 그의 약국은 "피부에 관한 한 못 고치는 병이 없는 약국"으로 소문이 퍼져나갔고, 탄탄히 자리를 잡았습니다.

전국의 약사들이 찾아와서 자기네 약국에서 팔 수 있도록 해달라고 요청을 해서 약을 조달해 준 약국이 전국에 무려 60여 군데가 넘었습니다.

그런데 문제는 거기에서 터졌습니다. 무허가 제약으로 약사법 위반 단속법에 적발된 것이었습니다. 조제약을 만든 약사가 자기 약국에서 직접 팔면 합법이지만, 그 약을 다른 약국에서 팔면 위법이라는 사실을 몰랐던 것입니다.

그 사건이 터지고 검찰이 소환을 하자 김광석 회장은 시간이 해결해줄 것을 믿고 도피 생활을 시작했습니다. 잘나가던 약사가 하루아침에 '갈 곳 없는 도망자' 신세로 추락한 것입니다.

전국의 절을 찾아 숨어다니는 도망자 생활을 무려 7개월이나 했고 더 이상은 숨을 곳이 없어서 마지막으로 찾아간 곳이 양산 통도사의 골방이었습니다. 아무리 봐도 끝이 보이지 않는 캄캄한 절벽만 남아 있었습니다. 그는 그곳에서 인생을 마감하고 싶다는 생각에 자살을 결심했습니다.

그런데 그 절의 골방에서 6개월 전 빛 바랜 신문 한 장을 발견했습니다. 김광석 약사의 약사법 위반을 취재한 기사가 실린 신문이었습니다.

그날 밤 그는 밤새 울었습니다. 평생을 살면서 흘릴 눈물을 그날 다 흘렸다고 합니다. 그때 그의 나이 마흔이었습니다. 더 이상 도피생활을 해서는 안 된다는 결정을 하고 서울지검을 찾아가서 자수를 했습니다. 1심에서 징역 3년에 집행유예 5년, 8억 3천만 원의 벌금형을 선고 받았습니다.

전 재산을 털어도 그만한 돈을 마련할 수 없는 돈이었습니다. 약국을 해서 평생을 갚아도 갚을 수 없는 돈이었습니다. 그래서 다른 사업에 손을 댔는데, 하는 사업마다 제대로 되는 것이 없었습니다. 용기도 투지도 없는 상태, 그야말로 벼랑 끝에 서 있는 기분이었습니다.

그 자포자기의 순간에 떠오른 것이 화장품 사업이었습니다. 약사와 화장품 회사의 사장은 전혀 어울릴 것 같지 않지만, 둘 사이에 공통점이 있었습니다. 바로 피부입니다. 약국 시절 손님의 70퍼센트가 여성이었고, 그 중에 70퍼센트는 피부병이 아닌 기미나 주근깨, 여드름, 주름 때문에 찾아오는 손님이었다고 합니다. 그래서 여성의 피부에 대해서는 전문가 수준의 식견을 갖추었던 그였습니다. 그래서 의왕에 공장 100평을 임대하고 직원 10명으로 제품 생산에 들어갔습니다. 그 결정이 오늘날 참존 화장품과 김광석 회장을 만든 시금석이 된 것입니다.

김광석 회장은 오도가도 못하는 갇힌 기분으로 자살을 결심했습니다. 그러나 다시 일어설 수 있다는 희망을 가졌고 도전한 결과 오늘날의 성공을 거두게 되었습니다.

제 3 장

삶을 이끄는
6 가 지
위대한 원리

도전

- 신념, 상식을 뒤엎다
- 도전의 조건
- 포기하지 않으면 반드시 뚫린다
- 절대, 절대로 포기하지 마라
- 목숨을 건 개구리
- 세상을 바꾼 도전
- 행복의 근원은 몰입
- 습관을 만드는 운동의 법칙
- 도전의 유효기간
- 희망의 끈을 놓지 않은 사람들②
  - 이환용 평강 한의원 원장

신념, 상식을 뒤엎다

기원전 4세기, 그리스의 폴리스들이 쇠퇴하고 그리스 북쪽의 마케도니아가 번성했습니다. 기원전 359년에 마케도니아의 왕위에 오른 필립은 정치, 군사적 개혁을 통해 강력한 통일 왕국을 만들고 막강한 상비군을 가지게 되었습니다. 그는 개별 도시 국가로 분열되어 있던 그리스를 통합하여 페르시아를 정복할 계획을 세웠습니다.

이에 맞서 아테네는 테베와 연합하여 대항했지만 기원전 338년에 케로네아에서 크게 패했습니다. 승리를 거둔 필립은 그리스의 폴리스들을 규합하여 페르시아 원정길에 오르려 했습니다. 하지만 그는 암살되고 말았지요. 그의 뒤를 이어 알렉산더가 20세의 나이로 왕위에 올랐고, 기원전 334년 그는 마케도니아, 그리스 연합군을 이끌고 동방 원정길에 올랐습니다.

젊은 피가 끓어오르는 알렉산더는 기세등등하게 소아시아를 정복했습니다. 여기서 페르시아 군을 몰아낸 알렉산더는 소아시아의 중앙에 있는 고르디우스에 들어섰습니다.

이 도시에는 제우스 신전이 있었는데, 이 신전의 기둥에 짐수레가 하나 단단히 묶여 있었습니다. 짐수레는 절묘하게 꼬아놓은 매듭에 묶여 있었는데, 그 매듭을 푸는 사람이 아시아를 지배한다는 전설이 오래 전부터 내려오고 있었습니다. 그러나 묘하게 얽혀 있는 그 매듭을 푸는 사람은 아무도 없었습니다.

이 이야기를 듣고 가만히 보고만 있을 알렉산더가 아니었습니다. 그는 당장 신전으로 달려가, 허리에 찬 칼을 뽑아 들고 단칼에 그 매듭을 베어버렸습니다. 누구도 풀지 못했던 그 매듭을 눈깜짝할 사이에 끊어버린 것입니다. 그 동안 수많은 정복자들이 풀기 위해 온갖 지혜를 다 동원했지만 풀 수 없었던 고르디우스의 매듭을. 아시아를 정복하고야 말겠다는 그의 의지와 신념이 틀에 박힌 고정관념과 통상적인 상식을 베어버린 것입니다. 그가 아시아의 지배자로서의 지위를 약속 받게 된 것은 너무나 당연한 일이었습니다.

세상을 움직이는 것은 상식이 아닙니다. 신념입니다. 신념을 가지고 행하는 도전만이 세상을 움직일 수 있습니다.

꿈과 도전에 관한 제 강의를 듣고 집에 돌아간 한 아버지가 아들에게 물었다고 합니다.

"너는 꿈이 뭐냐?"

그 아들은 대학을 졸업하고 2년째 취직을 못하고 있는 상태였습니다.

"저는 대통령이 되는 것이 꿈입니다."

취직도 못한 아들이 아직도 허무맹랑한 꿈을 꾸고 있다는 생각에 아버지는 아들의 뒤통수를 때렸다고 합니다.

"대통령은 고사하고 취직이나 해라, 이 놈아!"

한심한 소리를 하는 아들의 뒤통수를 때린 아버지, 2년 동안 취직도 못하고 있으면서 대통령이 되겠다는 아들. 둘 중 누군가는 잘못된 생각을 하고 있습니다. 그게 누구일까요?

이것은 무조건 아버지의 잘못입니다.

누군가 한 명은 반드시 대통령의 자리를 맡아줘야 합니다. 지금까지 대통령의 자리가 공석인 적은 없습니다. 그렇다면 어떤 사람이 대통령이 될 수 있는 걸까요?

질문을 역으로 바꾸어, 다음과 같은 사람이 대통령이 될 수 있을까요?

첫째, 사형선고를 받은 사람

둘째, 결혼을 두 번 한 사람

셋째, 대학을 나오지 못한 사람

사형선고 받은 사람이, 장가를 두 번이나 간 사람이, 대학도 못나온 사람이 대통령 될 자격이 없다고 생각되어집니다. 그것이 상식입니다.

그러나 우리나라의 역대 대통령들 중에는 우리가 결격사유라고 생각했던 조건에 해당하는 경우가 있었습니다.

사형선고를 받았던 사람 — 박정희, 김대중
결혼을 두 번 한 사람 — 이승만, 박정희, 김대중
대학을 나오지 못한 사람 — 김대중, 노무현

소위 말하는 스펙이 좋은 사람들이 얼마나 많습니까? 서울 대학교, 하버드 대학교를 나오고 사시, 행시, 외무고시까지 합격한 수재들이 수두룩합니다. 그 대단한 스펙을 갖고도 대통령이 되지 못하는 이유가 무엇일까요? 바로 꿈과 도전과 신념이 부족하기 때문입니다. 세상을 움직이는 힘은 상식이 아니라, 꿈과 도전, 그리고 신념에서 나옵니다. 대통령이 될 수 있는 필수조건은 단 두 가지뿐입니다.

첫째, 대통령이라는 다소 무모한 꿈을 가지고 있으며, 그 꿈을 이루기 위해 용감한 도전을 할 수 있는가.
둘째, 될 때까지 포기하지 않을 수 있는가.

다시 말해서 꿈을 가지고 도전과 신념을 굽히지 않는 사람이 대통령이 될 수 있습니다. 세상을 지배하는 것은 상식이 아닌 꿈과 도전과 신념이니까요. 도전, 도전만이 세상을 움직일 수 있고 그 도전을 통해서 성공할 수 있다는 신념을 가지고 있다면 꿈을 잃지 않고 꾸준히 노력할 수 있습니다. 꿈과 신념이 자동차의 엔진이라면 도전은 자동차의 바퀴와 같습니다. 둘 중 어느 하나라도 정상적이지 않다면 자동차는 굴러갈 수 없습니다.

   도전을 멈추지 않는 당신, 당신이 대통령 선거에 출마한다면 저는 제 소중한 한 표를 기꺼이 당신에게 바치겠습니다.

도전의 조건

저는 인생을 부산에서 서울까지 가는 길로 비교합니다. 부산에서 서울까지 거리는 425.5km입니다. 부산에서 대구는 122.7km로 사람의 나이로 비교하면 28세에 해당하는 거리이며, 구미는 39세, 대전은 151.8km로 64세에 해당합니다.

중학생은 아직 부산 시내도 벗어나지 못한 것과 같고, 고등학생은 막 부산 시내를 벗어나려고 하고 있는 셈이지요. 대학을 졸업하는 27세는 대구에 도착하기 직전의 상태입니다.

고등학생들의 경우, 내신 성적이 좋지 않다고, 좋은 대학에 진학하지 못했다고 마치 인생을 다 산 것처럼 자포자기하고 실의에 빠집니다. 진검 승부는 구미부터 대전 사이에서 벌어지는데 말이지요.

물론 어떤 친구는 부유한 부모님을 둔 덕에 초반에도 잘 나갈 수 있습니다. 친구들은 버스 타고 출발할 때, 자가용이나 택시를 타고 부산 시내를 빠져나올 수 있다는 것은 상당한 어드밴티지이겠지요. 그러나 인생은 장거리 게임입니다. 아무리 아버지가 도와주더라도 한계가 있습니다. 대구를 지날 때 정도까지는 가능합니다. 하지만 구미까지는 무리인 경우가 많습니다.

부모님이 이미 나이가 들어 기력이 떨어지고 힘에 부치기 때문이지요. 이것이 부모님을 잘 만나 초반에 잘나가던 친구들이 중도에 탈락하고 끝까지 완주하지 못하는 이유입니다.

세상은 자가용이나 택시만 타고 갈 수 있는 곳이 아닙니다. 버스도 타야 하고, 때로는 걸어서 가야 합니다. 비가 오기도 하고 눈보라가 몰아치기도 합니다. 넘어지기도 하고 깨지기도 하는 곳이 세상입니다. 결국은 그 누구의 도움이 아닌 자신의 힘만으로 일어서야 하는 곳이 바로 우리가 사는 이 세상입니다.

대학을 졸업하고도 취직하지 못했다고 포기하는 것은 금물입니다. 20대 후반은 아직 대구도 가지 못한 나이입니다. 소위 성공했다는 사람들을 보십시오. 그 성공이 30대에 평가를 받습니까? 성공은 60대 또는 70대에 가서야 진정한 평가를 받습니다. 천천히, 포기하지 말고, 계속 도전해야 합니다. 도전을 멈추지 않는다면 기회는 반드시 다시 옵니다.

공부 역시 마찬가지입니다. 부모님들은 자녀교육에 모든 것을 걸고 있습니다. 물론 내 아이가 공부를 잘한다면 얼마나 좋을까요. 원하는 대학에 진학하고 장학금을 받으며, 졸업을 하기도 전에 스카우트가 된다면 덩실덩실 춤을 출 일이지요. 하지만 세상의 잣대가 되어버린 공부만으로 성공한 사람은 그리 많지 않습니다.

좋은 학벌이 성공을 보장하지는 않지만, 도움은 되는 것은 부인할 수 없는 사실입니다. 학벌이 없는 사람이 성공을 이루기 위해서는 그만큼 힘들다는 것 역시 안타깝지만 사실입니다.

그러나 공부의 정도와 인생의 성공이 반드시 비례하는 것만은 아닙니다. 공부 말고도 자신만의 다른 무기를 지니고 있어야 하는 것이지요. 하지만 그것을 깨닫게 되는 때는 이미 많은 길을 지나쳐오고 난 후입니다. 부산을 출발해서 서울에 도착해서 알게 되는 불상사가 생기게 됩니다.

"내가 들고 있는 무기는 이미 폐기 처분된 것이었구나"

그래서 처음 부산을 출발할 때 방향설정을 잘 해두어야 합니다. 목적지는 서울인데 목포나 삼천포로 방향을 잘못 정하고 가는 것은 그야말로 낭패이지요.

자신이 잘 할 수 있는 면을 발견하고, 그것에서 성공을 거두기 위한 도전을 해야 합니다.

도전에도 조건이 있습니다. 누가 시켜서 마지못해 하는 도전이 아니라, 스스로 목표를 설정해서 하는 도전, 즉 내적 동기를 유발시켜서 하는 도전이어야 합니다. 내적 동기로 시작한 도전은 꾸준함을 갖는 반면, 누군가 시켜서 시작한 도전, 즉 외적 동기로 유발된 도전은 한계가 있습니다.

한 심리학자가 연구실에서 연구를 하고 있는데, 주말만 되면 연구실 옆 공터에서 축구를 하며 떠드는 아이들의 소음 때문에 집중이 되지 않았습니다. 그래서 그는 한 가지 실험을 하기로 마음먹었습니다.

어느 날, 그는 열심히 축구를 하는 아이들을 불러 모았습니다.

"너희들이 축구를 하는 모습을 보니 마음이 뿌듯하구나. 너희들의 씩씩한 기운에 나도 절로 힘이 솟는 느낌이란다. 땀 흘리면서 축구하느라 고생이 많은데 이 돈으로 맛있는 것을 사 먹으렴."

그러고는 그 아이들에게 10달러를 주었습니다.

그렇게 한 주가 흘렀습니다. 그리고 주말이 되자, 아이들이 축구하며 떠드는 소리가 들렸습니다. 그는 다시 아이들을 불러 모았습니다.

"미안해서 어쩌지? 오늘은 돈이 별로 없구나."

그는 주머니에서 5달러짜리 지폐를 꺼내 아이들에게 주었습니다.

그렇게 또 한 주가 흘러 주말이 되었습니다. 그가 공터에 나타나자 부르지도 않았는데 아이들이 그의 주변으로 달려왔습니다. 그는 아이들을 보며 난감한 표정을 지어 보였습니다.

"이거 미안해서 어쩌지? 오늘은 돈이 없어서 너희들에게 줄 수가 없구나. 대신 힘차게 응원해줄 테니 신나게 뛰어 놀거라."

그랬더니 한 아이가 불만스러운 목소리로 말했습니다.

"공 차는 게 얼마나 힘든지 아세요? 그런데 아무것도 안 줘요? 우리가 축구할 데가 여기 밖에 없는 줄 아세요? 다음부턴 안 올 거예요. 얘들아 가자!"

그 아이의 말에 아이들이 하나같이 우르르 공터를 빠져나갔고, 다시는 나타나지 않았습니다.

왜 이런 현상이 생긴 것일까요? 바로 '외적 동기'가 개입했기 때문입니다. 아이들이 축구를 시작한 것은 순수한 '내적 동기' 때문이었습니다. 누가 시켜서 한 것도 아니고, 스스로 좋아서 신나게 축구를 한 것이었죠. 그런데 축구를 하니까 할아버지가 돈을 주기 시작한 것입니다. 그 순간부터 아이들의 축구는 놀이가 아니라 일이 된 것입니다. 그저 축구가 좋아서 한다는 내적 동기를, 보상을 받는 외적 동기로 바꾸어놓았기 때문에 아이들이 축구를 힘들어 하기 시작한 것입니다. 그 즐겁던 축구가 외적 동기의 영향을 받다 보니 노동이 된 것이지요.

당신이 진정으로 원하는 도전이 있다면 그 출발을 내적 동기로부터 시작해야 합니다. 그래야 그 도전을 꾸준히 이어갈 수 있고, 그 안에서 즐거움을 찾을 수 있을 것입니다.

당신이 지치지 않을 도전목표를 찾고, 거기에 내적 동기를 부여해 출발해보세요. 아름답고 보람있는 결과가 당신을 기다릴 것입니다.

포기하지 않으면 반드시 뚫린다

'도전'이라는 말을 사전에서 찾아보면 이렇습니다.
'정면으로 맞서 싸움을 걺, 어려운 사업이나 기록경신 따위에 맞섬을 비유적으로 이르는 말.'

'싸움', '정면', '어려운', '맞섬' 등 녹록하지 않은 단어들이 쓰이는 것으로 보아 도전이라는 것이 그리 만만한 것이 아님을 짐작하게 합니다. 하기사 수월하고 쉽다면 도전의 의미가 없겠지요. 곡선 하나 없이 반듯반듯한 직선으로만 이루어진 '도전'이라는 글자에서도 타협이 없는 비장함이 느껴집니다.

그래서인지 도전을 성공으로 이끌어낸 인물들의 이야기는 하나같이 답답할 정도로 우직합니다. 그 우직함이 꿈을 잃지 않을 수 있게 만들고, 그것을 원동력으로 삼아 성공으로 이끌어낼 수 있었던 것이겠지요.

미국의 커뮤니케이션 이론가인 폴 스톨츠 박사는 자신의 저서 〈역경지수〉에서 역경에 대처하는 모습을 3가지로 표현했습니다.

힘들거나 장애물을 만나면 그냥 등반을 포기하는 겁쟁이 Quitter.

장애나 어려움을 만나면 뚜렷한 대안을 찾지 못하고 현상유지 정도로 적당히 안주하는 야영자 Camper.

역경을 만나면 자신의 모든 능력과 지혜를 동원하여 기어코 이를 이겨내려고 하는 등반가 Climber.

폴 스톨츠 박사는 역경을 만나면 혼신을 다해 맞서라고 주장합니다.

"역경에 굴복하지 않고 도전한다면 기적 같은 일이 일어난다."

우공이산愚公移山이란 고사성어가 있습니다. 어리석은 노인이 산을 옮긴다는 말로, 남이 보기엔 어리석은 일처럼 보이지만 한 가지 일을 끝까지 밀고 나가면 언젠가는 목적을 달성할 수 있다는 뜻입니다.

태형과 왕옥. 이 두 산은 원래 기주 남쪽과 하양 북쪽에 있는 둘레가 700리나 되는 산이었습니다. 북산의 우공이란 사람은 나이가 이미 90에 가까운데 이 두 산이 가로막혀 돌아 다녀야 하는 불편을 덜고자 자식들과 의논하여 산을 옮기기로 하였습니다.

흙을 발해만까지 한 번 운반하는 데 왕복 1년이 걸렸습니다. 이것을 본 친구 지수가 웃으며 만류했습니다. 그러자 그는 정색을 하고 말했습니다.

"나는 늙었지만 나에게는 자식도 있고 손자도 있네. 그 손자는 또 자식을 낳아 자자손손 한없이 대를 잇겠지만 산은 더 불어나는 일은 없지 않은가? 그러니 언젠가는 평평하게 될 날이 오겠지."

지수는 말문이 막혔습니다. 그런데 이 말을 들은 산신령이 산을 허무는 인간의 노력이 끝없이 계속될까 겁이 나서 옥황상제에게 이 일을 말려달라고 호소하였습니다. 그러나 옥황상제는 우공의 정성에 감동하여 가장 힘이 센 과아씨의 아들을 시켜 두 산을 들어 옮겨, 하나는 삭동에 두고 하나는 옹남에 두게 하였다고 합니다.

결국, 어리석은 노인이 산을 옮긴 것입니다. 멈추지 않으면 언젠가는 이루어진다는 것을 너무나 잘 보여주는 이야기입니다.

2009년 12월, 저는 인도 비하르 주의 가야에 살고 있는 주민 람찬드라 다스 씨 이야기를 뉴스를 통해 보고 입을 다물지 못했습니다. 고사에서만 읽을 수 있었던 일이 실재로 일어난 것입니다.

다스 씨의 집은 산 너머에 있는데 길이 없어 매일 수 km나 떨어진 곳에 차를 세우고 걸어가야 했습니다. 그는 당국에 터널을 내달라고 했습니다. 자동차를 너무 멀리 세워두면 도둑을 맞을 수 있어 겁이 난다고 분명한 이유까지 댔지만 당국은 도움을 줄 수 없다는 말만 되풀이했습니다.

결국, 그는 스스로 터널을 뚫기로 마음먹었습니다. 도구는 망치와 정 뿐이었습니다. 그는 틈이 날 때마다 터널 뚫는 일을 멈추지 않았습니다. 그리고 마침내 그는 터널을 뚫고야 말았습니다.

　터널을 뚫는 데 걸린 시간은 무려 14년이었습니다. 비록 망치와 정만으로 뚫은 것이지만 폭 4.2m 규모의 번듯한 터널이 완성되었습니다. 가야의 당국자는 "목표를 이루기 위해 그렇게 열심히 일을 하는 사람은 본 적이 없다."며 혀를 내둘렀다고 합니다.

　당신이라면 이 터널을 뚫을 수 있을까요? 그저 집 앞에 주차하고 싶다는 단순한 이유로 14년의 시간을 쏟아 부을 수 있을까요? 아마 대부분 사람들의 대답은 '아니오'일 것입니다.
　그렇다면 상황을 바꾸어 이 터널 끝에 내 아이가 있고, 이 터널을 뚫어야만 아이를 구할 수 있는 상황이라고 생각해봅시다. 그렇다면 당연히 당장이라도 망치와 징을 들고 일어설 것입니다.

절박함은 선택의 여지를 없앱니다. 아무리 거대한 장애물이 당신의 앞을 가로막고 있다고 해도, 당신이 절박하게, 절실하게 원한다면 이루지 못할 것이 없습니다.

지금 앞에 놓여 있는 절망이 너무 커서 숨쉬기조차 어렵다면 이 터널을 기억하십시오. 당신이 뚫겠다고 하면 뚫립니다. 무언가가 이루어지기를 간절히 원하고 있다면 지금부터 시작하세요.

서던 캘리포니아 대학교에서 경제학과를 졸업 한 대니얼 세디키는 3년 동안 2,000통의 이력서를 쓰고, 면접만 40번을 봤습니다. 그러나 그를 채용하겠다는 회사는 단 한 곳도 없었습니다. 입사하기에는 경험이 부족하다는 대답만 돌아올 뿐이었습니다.

그는 이해가 되지 않았습니다. 면접관들 앞에서 프레젠테이션을 하고 나면, 긍정적인 반응을 얻는 편인데 왜 단 한 번도 합격 소식을 들을 수가 없을까? 그는 자신의 인생에 뭔가 새로운 것이 필요하다는 생각이 들었습니다. 그리고 지금까지 경험하지 못한 다른 일자리를 찾고 새로운 문화를 경험하는 것은 어떤 느낌일지 호기심이 발동했습니다.

'오리건에서 벌목을 해보면 어떨까? 시카고에서 기차와 관련된 직업을 갖는 것도 괜찮을 것 같아. 플로리다의 놀이 공원에서 일해보는 것도 좋겠다.'

이런저런 생각이 떠오르자 그의 가슴은 마구 설레었습니다. 그리고 보니 미국에는 자신이 도전해보지 못한 일자리들이 너무나 많다는 것을 깨달은 것이지요.

그는 미국 50주 전체를 돌아다니면서 50개의 직업을 체험해보기로 마음먹었습니다. 그는 4개월 동안 매일 16시간을 전국의 고용주들에게 100통씩의 전화를 거는 데 사용했습니다. 그렇게 해서 일단 10개 주에서 10개의 일자리를 얻었고, 나머지 40개의 직업은 돌아다니면서 알아보기로 하고 무작정 길을 떠났습니다.

어디서 어떤 일을 하게 될지, 어디서 자게 될지, 무엇을 먹게 될지 알 수 없었습니다. 하루에 수백 km를 운전하고, 낡은 지프차에서 침낭을 덮고 서너 시간의 잠을 잤습니다.

네브래스카 주에서는 옥수수농장, 위스콘신 주에서는 치즈공장에서 일했습니다. 애리조나 주에서는 불법 이민자들을 감시하는 국경 경비원으로, 캔자스 주에서는 냉동육 포장 점원으로, 웨스트버지니아 주에선 광부로 취직을 했지요. 그뿐이 아니었습니다. 하와이에서는 서핑 강사, 앨라배마 주에선 미식축구팀 코치, 메인 주에서 가재잡이 어부로 일했습니다. 그 밖에도 가구 공장과 철공소 등을 전전하며 다양한 일들을 접했습니다.

그의 이런 '취업 여행'은 조그만 지역신문에 실렸습니다. 그 기사를 시작으로 그의 이야기는 CNN, ABC, 폭스 뉴스 등을 통해 미국 전역에 소개되었습니다. 미국인들은 그를 격려하고 박수를 보냈습니다.

그는 50개 주를 돌면서 체험한 50번의 직업경험을 바탕으로 『까짓것 한번 해보는 거야』라는 책을 출판했습니다.

"오랫동안 철저히 직구를 준비해왔어도, 인생에는 변화구를 던져야 할 때도 있습니다. 나는 실패를 극복하는 과정을 통해 실패를 두려워하지 않는 방법을 배웠습니다."

그는 직업을 체험하는 와중에서도 무려 5천 번이 넘는 퇴짜를 맞았다고 고백합니다. 그 무엇도 두려울 것이 없는 이 청년의 도전에 아낌없는 박수를 보냅니다.

취업대란이라고 불러도 좋을 매서운 바람이 우리나라에도 불고 있습니다. 수많은 젊은이들이 실업자로 전락해서 패배의식에 젖어 살고 있습니다.

당신이 구직의 문턱을 넘지 못하고 있다면, 컴퓨터 앞에 앉아 이력서를 넣지 말고 직접 현장에 나가서 부딪혀보길 권합니다. 인사부의 이력서 담당자들은 당신의 이력서를 보는 데 30초도 투자하지 않습니다.

자신의 앞을 가로막고 있는 거대한 산이 있다면 일단 그 산에게 시비를 걸어보세요. 불이익을 감당하며 자포자기한 심정으로 살아가는 것은 패배자들이나 하는 행동입니다. 당신이 지금 이 책을 집어 들었고, 페이지를 넘기고 있다는 것은 이미 도전을 시작한 것과 다름이 없습니다. 희망을 갖고 싶고, 도전을 통해 성공을 하고 싶다는 마음이 당신으로 하여금 페이지를 넘기게 했을 테니까요. 그렇다면 당신에 손에 이미 망치와 정은 들려져 있는 셈입니다.

이 망치와 정으로 애꿎은 손등이나 발등을 찍지 말고, 당당히 산과 맞서보세요. 산을 옮길 수 없다면 산을 빠르게 건너갈 수 있는 튼튼한 체력을 기르는 것도 방법입니다. 도전할 수 있다면, 그리고 그 도전을 끝까지 이어갈 수 있다면 산은 분명 당신에게 길을 보여줄 것입니다.

절대, 절대로 포기하지 마라

절망을 극복하고 희망찬 삶을 살 수 있는 비결 세 가지가 있습니다.

첫째, 심어라!

당신이 진정으로 원하는 성공을 미래기억 속에 심으십시오. 심는 순간 꿈을 향해 움직이는 엔진이 작동할 것입니다. 그 행복한 미래기억은 당신을 움직이게 만드는 원동력이 됩니다.

둘째, 쫓아가라!

꿈이 있다는 것은, 내가 원하는 것을 갖고 있는 대상이 있다는 말입니다. 그 사람이 내가 원하는 것을 주면 내 꿈은 이루어지는 것입니다. 그러니 그 사람에게 쫓아가십시오. 가서 말하세요.

"그것이 갖고 싶습니다. 주십시오."

대부분은 자존심이 상한다고 가지 않습니다. 거절이 두려워서 가지 못합니다. 가지 않으면 당신이 원하는 것을 얻을 확률은 '0퍼센트'입니다. 그런데 가면 얼마로 바뀔까요? '50퍼센트'로 바뀝니다. 주거나 안 주거나 둘 중에 하나입니다. 거기에서 많이 바꿀 필요도 없습니다. 1퍼센트만 바꾸면 됩니다. 51 : 49. 당신에게 유리한 확률로 바뀌게 됩니다.

출입문에도 써 있습니다. '미세요', '당기세요'.

문은 내가 다가가서 밀거나 당길 때만 열립니다. 성공의 방법을 몰라서 못하는 사람은 없습니다. 포기하지 않고 열심히 하면 성공한다는 것은 모두 잘 알고 있습니다.

그렇다면 사람들이 성공하지 못하는 이유는 무엇일까요? 바로 도전 때문입니다. 도전을 하는 사람은 성공하고 그렇지 못한 사람은 실패할 수 밖에 없습니다. 익숙한 것, 낯익은 것과 결별하지 않으면 새로운 도전을 할 수 없습니다.

셋째, 포기하지 마라!

윈스턴 처칠 수상이 2차 세계대전이 끝나고 얼마 지나지 않은 어느 날 옥스퍼드 대학의 학위수여식에 초청을 받고 연설을 하러 강단 앞에 섰습니다.

그는 학생들을 천천히 바라보았습니다. 오랜 침묵이 흘렀습니다. 얼마 후 그의 목소리가 식장 안에 울려 퍼졌습니다.

"포기하지 마라 Never give up."

그리고는 다시 한 번 천천히 청중을 둘러 보았습니다.

"절대로 포기하지 마라!"

처칠은 다시 한 번 큰 소리로 외쳤습니다.

"절대로, 절대로 포기하지 마라!"

처칠은 근엄하고 신중한 표정으로 모자를 챙겨 들고 연단을 걸어 내려왔습니다.

그 어떤 웅변보다 학생들의 마음에 남는 연설이었습니다.

사람이 살면서 단정적으로 '절대'라고 말할 수 있는 일은 많지 않습니다. 하지만 포기에 있어서 만큼은 딱 잘라 말할 수 있습니다. 나쁜 일을 그만 두는 일이라면 모를까, 꿈과 희망을 가지고 도전하는 일은 절대로 포기해서는 안 됩니다. 그것이 설령 불가능해 보이더라도 절대로 당신이 먼저 백기를 들어선 안 됩니다. 포기를 포기시키겠다는 마음으로 뜻을 굽히지 않고 도전해야 합니다.

목숨을 건 개구리

이 책을 쓰느라 그 동안 모아온 자료를 정리하다가 수년 전에 우연히 보게 된 그림 한 장을 발견했습니다.

'개구리 한 마리 키우시죠'라는 제목의 그림인데, 그림을 처음 보자마자 정신이 아찔할 정도로 신선한 충격을 받았던 기억이 납니다. 이 그림을 그린 사람이나 받은 사람을 찾고 싶어서 백방으로 노력했지만 결국 알 수 없었습니다. 그 당시의 자료 내용을 그대로 옮기겠습니다.

'개구리 한 마리 키우시죠.'

내게는 오래된 그림이 한 장 있다. 누가 어떤 이유로 내게 보내줬는지, 하도 오래 된 일이라 잊어버렸다. 자본도 없이 망한 식품점 하나를 인수해서 온 식구들이 이리저리 뛰어 다니던 이민생활 초기였다. 당시에 누군

가 팩스로 그림 한 장을 보내줬는데 연필로 스윽스윽 그린 그림이다. 휴스턴에 사는 어떤 미국 친구가 그렸다는 소문도 있고, 자기 아는 누가 그렸다 하는 이야기도 들은 듯한데 보내준 이가 누군지는 기억이 가물가물하다.

하여튼 그날 이후, 황새에게 머리부터 잡혀 먹히게 된 개구리가 황새의 목을 조르고 있는 이 한 컷짜리 유머러스한 그림은 내 책상 앞에 항상 자리 잡고 있다.

그림을 설명하면, 잡풀이 깔린 호숫가에서 황새 한 마리가 개구리를 막 잡아내어 입에 덥석 물어넣은 모습이다. 개구리 머리부터 목에 넣고 맛있게 삼키려는 순간, 부리에 걸쳐 있던 개구리가 앞발을 밖으로 뻗어 황새의 목을 조르기 시작했다. 황새는 목이 막혀 숨을 쉴 수도 없고 개구리를 삼킬 수도 없게 되었다.

나는 지치고 힘든 일이 생길 때마다 이 제목도 없는 그림을 들여다보곤 했다. 이 그림은 내가 사업적인 곤경에 빠졌을 때 그 어떤 누구보다도 실질적인 격려를 주었고 희망을 잃지 않도록 일깨워주었다. 무슨 일이든 끝까지 희망을 버리지 않고 기회를 살피면 헤쳐나 갈 수 있다는 용기를 얻을 수 있었다.

재산보다 많은 빚을 가지고 다시 성공한다는 것은 쉬운 일이 아니었다. 절망감이 온 몸을 싸고돌았고 나의 실수가 내 부모의 노후와 자녀들의 장래를 힘들게 만든다는 생각으로 죄책감과 슬픔이 머리채를 휘어잡게 하곤 했던 시절이었다.

어느 수요일 날, 아침저녁으로 지나가는 길에 있던 휴스톤에서 유명한 소매 유통업체가 경영자들의 이권 다툼 끝에 매물로 나왔다는 소식을 들었다. 매장 하나 당 시세가 4백만 달러나 된다는 그 회사는 내 형편으로 욕심을 부리기에는 터무니없었다. 더군다나 동양인에게는 절대 안 넘기겠다는 이상스런 소문도 들렸다. 주머니를 뒤져보니 68달러(68만 달러가 아니다) 정도가 있었다. 당장 그 회사 사장을 찾아내 약속을 하고 그 업체의 거래 은행을 찾아가 은행 부행장을 만나 도와달라고 부탁을 했다.

그리고 그날부터 매일 아침마다 그 회사 주차장에 차를 세워 놓고 그 회사를 바라보며 "저건 내 것이다. 저건 내 것이다"라고 100번씩 외치고 지나갔다.

그로부터 8개월을 쫓아다닌 후, 나는 네 개의 열쇠를 받았다. 죽어가는 회사 살리는 나의 재주를 믿어준 은행과 내 억지에 지쳐버린 사장은 100퍼센트 융자로 40년 된 비즈니스를 나에게 넘긴 것이다.

직원들에게 무상으로 이익의 25퍼센트를 나누는 프로그램을 통해 직원들과 함께 비즈니스를 키워나갔다. 매출은 1년 만에 세 배가 오르고 이듬해는 추가 매장도 열었다.

만약 그때 내가 절망만 하고 있었다면 지금 무엇을 하고 있을까? 내가 그 개구리처럼 황새의 목을 움켜쥐지 않았다면 나는 지금 어떤 모습을 하고 있을까?

우리는 삶을 살아가며 수많은 절망적인 상태에 놓이게 된다. 결코 다가서지 못할 것 같은 부부간의 이질감, 평생을 돈에 치여 살아가야 하는 비참함, 실패와 악재만 거듭하는 사업, 이런 모든 절망 앞에서도 개구리의 몸짓을 생각하며 꿋꿋이 이겨냈다.

나는 이 그림의 제목을 〈절대 포기하지 마라〉라고 붙였다.

황새라는 운명을 대항하기에는 개구리라는 나 자신이 너무나 나약하고 무력해 보일 때가 있다. 그래도 절대 포기하지 않을 것이다.

당신의 신념이 옳다고 생각한다면 절대로 포기하지 마시라.

운명이란 투박한 손이 당신의 목덜미를 휘감더라도 절대로 포기하지 마시라. 내년부터 마음속에 개구리 한 마리 키우시기 바란다.

세상을 바꾼 도전

MBC 〈희망특강 파랑새〉는 주로 한 가지 주제를 정해서 그 주제와 맞는 인물들에 대해 강의를 하는 프로그램입니다. 그래서 강의하기 전, 주제 인물로 선정된 분과 인터뷰를 합니다. 그래야 그 주제 인물을 확실하게 이해할 수 있기 때문입니다.

매주 월요일에 녹화를 하고, 수요일에는 다음 주 주제인물을 선정했다고 방송국에서 연락이 옵니다. 그 4일 동안 주제 인물이 쓴 책을 모두 읽고 강의안을 준비해야 하는데, 그 시간은 철저한 준비를 하기에 넉넉하지 않습니다.

방송을 앞두고 어김없이 방송국에서 문자가 왔습니다.

"다음 주제인물은 오바마 대통령입니다. 준비해주세요."

저는 별 생각 없이 보통 때처럼 문자를 보냈죠.

"오바마 대통령 인터뷰는 언제 가나요?"

그러자 작가의 재치있는 답이 왔습니다.

"오바 마시고 그냥 하세요."

'미국 역사상 최초의 흑인 민주당 후보.'
'최초의 흑인 대통령.'
'미국 근세사에서 미국시민권이 없는 아버지를 둔 최초의 대통령.'
232년 미국 역사상 최초의 흑인 대통령이 된 오바마 대통령의 성공 키워드는 숙명과 혁명입니다.

숙명은 날 때부터 타고난 운명을 말합니다. 거부할 수 없는 것을 우리는 숙명이라고 말합니다. 사람은 누구나 가능하면 부유한 집안에서 태어나고 싶고, 가능하면 훌륭한 부모님을 만나고 싶습니다. 그러나 그것은 우리가 선택할 수 있는 문제가 아닙니다.

오바마 대통령은 흑인과 백인의 혼혈아였고 소위 말하는 결손가정에서 태어났습니다.

그는 케냐 출신의 아버지와 캔자스 출신의 어머니 사이에서 태어났습니다. 아버지는 결혼한 지 2년 만에 아내와 오바마를 하와이에 남겨둔 채 하버드로 떠났고, 결국 오바마가 2살 때 부모는 이혼을 합니다. 10살 때 아버지를 본 것이 마지막이었습니다. 어머니가 인도네시아 사람과 재혼하면서 오바마는 4년을 인도네시아에서 생활합니다. 하지만 얼마 지나지 않아 어머니의 두 번째 결혼도 파경을 맞습니다.

오바마는 고등학교 시절, 흑인과 결손가정이라는 자신의 숙명 때문에 혼란을 참을 수 없어서 담배와 술은 물론, 마리화나도 피우고 코카인에도 손을 댔습니다.

그는 선택의 기로에 섰습니다. 불량 청소년이 되어서 혼돈의 나락으로 빠지느냐, 아니면 세상을 향한 정면승부를 할 것이냐. 결국 그는 '혁명'을 선택합니다. 숙명을 깨부수고 험난한 세상과 맞붙어 싸우기로 결심하고 세상을 향해 정면승부를 선포합니다.

그는 자신의 혁명을 완수하기 위해 들어간 하버드 로스쿨을 수석으로 졸업합니다. 그리고 높은 수입과 성공이 보장된 길을 포기하고 시카고로 돌아가서 인권변호사가 됩니다.

사람은 누구나 고통을 싫어합니다. 그러나 그 고통이 피할 수 없는 것이라면 생각을 달리해야 합니다. 좌절과 절망은 분명 고통스러운 것이지만, 그것들을 지혜롭게 활용할 수 있다면 뜻밖의 선물을 주기도 합니다. 그 좌절과 절망을 극복하기만 한다면 우리는 과거에 가질 수 없었던 새로운 차원의 현재를 선물받을 수 있지요.

크게 성공한 사람은 그 이전에 큰 실패를 경험합니다. 그 실패를 극복하면 엄청난 성공이 기다리고 있습니다. 그러나 크게 실패했다고 반드시 크게 성공하는 것은 아닙니다. 성공을 위해서는 충분히 준비해야 합니다.

높은 건물을 짓기 위해서는 그 기둥을 세울 땅을 깊이 파야 합니다. 그렇지 않으면 건물을 높이 올릴 수 없습니다. 지금의 고통과 절망이 깊다면, 그만큼 더 높은 성공을 쌓을 수 있다는 것을 잊지 마세요.

오바마 대통령을 보면 그 사실이 더 명확해집니다. 그는 자신이 갖고 있었던 숙명을 기꺼이 받아들였습니다. 흑인이라는 사실과 결손가정에서 태어났다는 사실은 어떤 경우에도 바뀔 수 없는 숙명입니다.

그는 숙명을 극복했습니다. 오히려 자신이 처한 불행한 상황을 스스로를 성장시키는 기회로 바꾸어버렸습니다.

그리고 급기야, 세상에 우뚝 섰습니다. 그가 혼혈, 결손가정 등의 바꿀 수 없는 숙명에 사로잡혀 실망과 좌절에서 헤어나오지 못했다면 오늘날의 오바마는 없었을 것입니다.

우리는 작은 것을 표현 할 때 '손톱만큼'이라는 표현을 합니다. 사람은 누구나 자신의 문제를 크게 생각합니다. 그러나 객관적으로 보면 그 문제는 그리 큰 문제가 아닐 수 있습니다.

눈을 들어 최대한 먼 곳을 바라보세요. 커다란 건물이나 먼 산이 보일 수도 있습니다. 그 상태에서 당신의 왼쪽 눈을 감고, 오른손 엄지손톱을 오른쪽 눈에 바짝 붙여보세요. 무엇이 보이나요? 커다란 건물과 먼산도 보이지 않을 것입니다. 당신의 '손톱만 한 손톱'에 가려져 보이지 않습니다.

자신의 문제는 가까이 있기 때문에 크게 보일 뿐입니다. 자신의 문제에 온 신경을 집중시켜 그 속에 빠져들지 말고, 한발 물러서서 객관적인 자세로 문제를 바라보세요.

오늘의 나는 어제의 내가 한 선택들이 모여 만든 결과물입니다. 내일의 나는 오늘의 내가 한 선택들의 결과물이 될 것입니다. 작은 것에 얽매이지 말고, 더 멀리, 더 큰 시선으로 모든 것을 바라볼 수 있어야 합니다.

오바마 대통령의 인재기용도 혁명적이었습니다. 자신의 전 정권인 부시 정권에서 국방부 장관을 지낸 로버트 게이츠 국방장관을 유임시킨 일, 민주당 대선후보 자리를 놓고 자신과 치열하게 싸웠던 힐러리 클린턴을 국무장관에 기용한 일 역시 혁명적입니다.

혁명은 완만하게 이루어지지 않습니다. 급격하고, 파격적으로 이루어집니다. 자신이 진정으로 성취하고 싶은 목표를 설정했다면 도전해야 합니다. 목표를 설정하고 자신이 가고 싶은 목표를 향해 도전하는 사람은 결코 주변 상황에 한눈 팔지 않습니다.

만약 당신의 앞에 극복하지 못할 숙명이 있다고 해도 굴복하지 마십시오. 아무리 큰 고통일지라도 그 고통은 얼마든지 극복될 수 있습니다. 강하게 떨어질수록 더 높이 튀어 오릅니다. 고통이 크다는 것은 이룰 것도 크다는 메시지입니다. 오바마 대통령이 우리에게 그것을 보여주었습니다.

오바마 대통령에게 좌절이라는 굴곡이 없었다면 지금의 영광은 절대 없었을 것입니다.

이제는 당신의 차례입니다. 당신이 새로운 역사를 만들 차례입니다. 숙명을 뛰어넘어서 혁명적인 정신으로 도전해야 할 때가 왔습니다. 비록 당신의 도전이 세상을 바꾸고, 세상에 혁명적인 업적을 만들지 못한다고 해도, 하나뿐인 소중한 인생을 성공적으로 이끌 수 있다면 그것만으로도 당신의 도전은 충분히 가치가 있을 것입니다.

행복의 근원은 몰입

 미국 호프칼리지의 행복 연구전문가 데이비드 마이어스의 연구에 따르면 행복한 사람들은 다음과 같은 공통점이 있다고 합니다.

첫째, 자신을 매우 사랑하는 사람입니다. 행복한 사람은 자존심이 강하고 자신이 남들보다 윤리적이며, 지적이고 편견이 적으며, 남들과 잘 어울리고 건강하다고 믿습니다.

둘째, 낙천적인 사람입니다. 삶을 적극적이고 자기주도적으로 영위하며 친구나 가족에게 항상 따뜻하게 대하며, 타인에게 적대적인 행동을 취하지 않습니다.

셋째, 외향적인 사람입니다. 개방적이고 사교적이어서 좋은 친구가 많고 인기도 높아 행복감을 훨씬 더 많이 느낍니다.

저 역시 행복에 대해 많은 생각을 합니다. 우리가 희망을 품고, 도전을 하고, 거기에서 성취감을 얻고자 하는 가장 궁극적인 목적은 바로 행복한 삶을 살기 위한 것이니까요. 많은 연구와 자료들을 접한 결과 제가 내린 행복의 정의는 이렇습니다.

'명확한 미래기억으로 보물지도를 만들고, 그 미래기억이 실현되는 상상을 하면서, 동시에 미래기억을 이루기 위한 현실적인 노력에 완전히 몰입해 있는 순간'이라고.

자신이 이루고자 하는 일에 모든 것을 바쳐 몰입한다면 이루지 못할 일이 없습니다.

대부분의 사람들이 그토록 고대하던 성공을 성취하지 못하는 결정적 이유는 1퍼센트가 부족해서입니다. 물은 100℃가 되어야 끓습니다. 1℃가 부족해도 물은 끓지 않습니다. 이렇게 작고 사소한 것뿐 아니라 거대한 비행기를 띄우는 일도 마찬가지입니다.

비행기가 이륙하기 위해서는 비행기를 띄우는 양력이 비행기의 중량보다 커야 합니다. 양력은 비행기 날개의 구조, 엔진 추진력, 활주로를 달리는 거리와 시간에 따라 다르지만, 날개의 구조가 동일하다고 가정하면 다음과 같은 공식이 성립됩니다.

양력 = 추진력 × t^2(활주로를 달린 시간의 제곱)

기종에 따라 다르지만 보통 점보 여객기는 시속 300km의 속도로 1.8km를 달려야만 이륙에 필요한 양력을 얻을 수 있습니다. 즉, 비행기가 이륙하는 데는 두 가지 조건이 필수적입니다.

첫째, 300km/h 이상의 절대 속도

둘째, 1.8km의 활주로 길이

둘 중 하나라도 부족하면 비행기는 이륙하지 못합니다. 속도가 부족하거나, 속도가 빠르더라도 활주로가 짧으면 비행기는 이륙할 수 없습니다.

성공도 마찬가지입니다. 성공을 위해서는 절대집중력과 절대시간이 필요합니다. 그래야만 자신의 꿈을 성취할 수 있는 것입니다.

도전하고, 도전하고, 또 도전하십시오. 절대로 도전을 포기하지 마십시오. 당신의 꿈에 절대적으로 몰입하는 순간이 바로 행복의 순간입니다.

습관을 만드는 운동의 법칙

뉴턴이 확립한 역학의 기본이 되는 운동의 법칙이 있습니다. 관성의 법칙, 가속도의 법칙이 그것입니다. 운동의 제1법칙인 관성의 법칙은 외부로부터 물체에 힘이 작용하지 않는 한 정지하고 있던 물체는 계속해서 정지해 있고 운동하고 있던 물체는 언제까지나 같은 속도로 운동을 한다는 법칙입니다.

이런 관성의 법칙은 물체뿐만 아니라, 인생에도 그대로 적용됩니다. 자신을 패배자로 여기고 미래를 절망적으로 생각하는 사람들은 그 생각에서 벗어나지 못합니다. 패배의식은 패배자를 만듭니다. 관성의 법칙에 따라 계속 정지상태를 유지하고 있는 것입니다.

그러나 현실에 대해 긍정적인 마음을 가지고 미래를 낙관적으로 생각하는 사람들은 희망을 갖습니다. 지금은 힘들고 어렵지만 언젠가 반드시 좋은 날이 올 것이라고 생각하며 끊임없이 도전합니다. 그들은 결국 자신들이 꿈을 이루게 되지요. 이 경우 역시 관성의 법칙에 따라 계속 움직이는 상태를 유지하게 되는 것입니다.

고기도 먹어본 사람이 먹을 줄 안다고 꿈과 도전 역시 그것을 통해 성취감과 행복을 맛본 사람만이 계속할 수 있습니다. 도전을 게을리 하지 않는 사람들은 어떤 일을 계기로 최초의 도전을 시작했을 것이고, 그 도전을 멈추지 않은 결과 달콤한 성취감을 맛볼 수 있었을 것입니다. 그래서 그것을 바탕으로 또 다른 도전을 시도하고, 또 계속해서 노력하고 있는 것입니다.

당신도 실패와 절망에 발이 묶여 움직일 수 없다면 당신의 꿈과 목표를 향해 일단 한 발짝만 내디뎌보세요. 한 발짝만 내디딜 수 있다면 당신은 관성의 법칙의 한계를 극복한 것입니다. 그것이 첫 도전입니다. 그것을 시작으로 앞으로 나아가는 관성이 생기는 것입니다. 한 발짝이 어렵지 그 다음 발짝부터는 훨씬 수월해질 것입니다.

자, 그럼 그 다음 단계로 나가볼까요? 꿈을 가지고 도전하고 노력했다면 성공은 이미 당신의 것입니다. 하지만 참으로 신기한 것이 있습니다. 한번 성공한 사람들은 항상 더 큰 성공을 거머쥐게 됩니다. 그것은 운동의 제2법칙인 가속도의 법칙 때문입니다. 가속도의 법칙은 물체에 힘이 작용했을 때에 생기는 가속도의 방향은 힘의 방향과 같으며, 그 크기는 힘의 크기에 비례하고 질량에 반비례한다는 법칙입니다.

이 가속도의 법칙 때문에 성공한 사람들은 늘 더 큰 성공을 거머쥐는 것입니다. 반대로 실패한 사람은 늘 더 큰 실패를 경험하게 됩니다. 힘이 작용했을 때 가속도의 방향과 힘의 방향이 같고, 크기는 힘의 크기에 비례하기 때문에 성공한 사람들은 더 커다란 성공을 거둘 수 있게 되는 것입니다.

앞서 말한 '한 발짝 내딛기'. 그것이 바로 성공의 시작이고 또 이것을 습관처럼 몸에 익혀야 합니다. 성공한 사람과 실패한 사람의 출발은 그들의 습관에 있습니다. 좋은 습관은 성공을, 나쁜 습관은 실패를 가져다 준다는 것은 구구단보다도 더 정확한 규칙입니다. 도전이 습관이 되어 있는 사람들은 관성의 법칙에 의해 늘 도전하고 움직입니다.

누구나 좋은 습관을 갖고 싶어합니다. 하지만 '행동'을 '습관'으로 정착시키는 것은 쉬운 일이 아닙니다. 대부분 작심삼일로 그치는 경우가 많습니다.

행동을 습관으로 바꾸는 데는 필수시간이 있습니다. 일상적인 행동을 자신에게 필요한 습관으로 만들기 위해서는 최소한 21일의 시간이 필요합니다. 작가이자 성형외과 의사인 맥스웰 말츠는 성형수술을 한 환자들은 평균적으로 21일이 지나서야 비로소 자신의 모습에 익숙해진다고 합니다.

좋은 습관을 가지고 꾸준히 도전해서 성공을 얻고 싶은가요? 그렇다면 지금 마음먹고 있는 일을 딱 21일만 꾸준히 노력해보세요. 길다면 긴 시간이지만 한 달도 채 되지 않는 시간입니다. 21일의 노력으로 앞으로 21년, 아니 42년을 행복하고 성공적으로 살 수 있다면 그 정도쯤은 기꺼이 해볼 수도 있는 우리 아니던가요?

이렇게 만들어진 도전습관은 관성의 법칙과 가속도의 법칙에 의해 당신에게 더 멋진 미래를 선물해줄 것입니다.

도전의 유효기간

희망을 갖고 있다는 것만으로 인간은 행복할 수는 없습니다. 실행하지 않는 희망은 가장 지능적인 자기기만입니다. 도전하지 않고 성취되는 것은 없습니다. 그것이 어떤 방향이든 발을 내 디뎌야 앞으로 나아갈 수 있습니다. 희망에 실행을 더할 때만이 우리가 원하는 성공을 쟁취할 수 있습니다.

인간은 자신이 수립한 꿈을 달성하기 위해 명확한 목표를 수립하고 노력하면서 그 효과를 즉시 확인할 수 있고 그때 행복을 느낍니다. 결국 실행하지 않고 성취되는 행복은 없으며, 더 나아가 성공도 없습니다.

사르트르가 말했습니다.

"Life Is From B To D - 인생은 B[birth]로 시작해서 D[death]로 끝난다."

냉철하게 본다면 모든 사람은 태어난 순간부터 한 순간도 멈추지 않고 죽음을 향해 돌진하고 있습니다. 그러나 우리에게 다행스러운 사실은 B와 D 사이에 C^{choice}가 있다는 사실입니다.

동일한 시간의 인생을 살아낸 사람들의 성패가 갈리는 것은 바로 선택의 결과입니다. 선택에 따라 인생이 달라집니다. 인생은 매 순간 선택이라는 점이 연결돼서 도전이라는 선을 만듭니다. 그 도전이 모여서 인생이라는 면을 완성시킵니다.

선택과 도전에는 시간적인 제약이 있습니다. 시간은 3단계로 나뉩니다. 과거 현재 미래로 나뉘죠. 그런데 인간이 통제할 수 있는 시간은 지금밖에 없습니다. 과거는 흘러가버렸고 미래는 인간의 통제영역이 아닙니다. 우리가 통제할 수 있는 유일한 시간은 현재밖에 없습니다.

그리스신화에 보면 두 명의 시간의 신이 나옵니다. 한 명은 절대시간의 신 '크로노스^{chronos}'이고, 또 한 명은 기회의 신이라고도 불리는 상대시간의 신 '카이로스^{Kairos}'입니다. 크로노스는 신들의 왕인 제우스의 아버지입니다. 제우스와 그의 형제들은 모두 크로노스와 그의 부인 레아 사이에서 태어났습니다. 크로노스의 모습은 '자식을 잡아먹는 크로노스' 라는 그림으로 널리 알려져 있습니다.

상대적인 시간의 신이자 기회의 신이라고도 불리는 카이로스는 제우스의 아들인데, 재미있는 모습을 하고 있습니다. 우선 그의 머리를 보면 앞머리는 무성한데, 뒷머리는 머리털이 하나도 없는 대머리입니다. 그리고 그의 등과 양 발에는 날개가 달려 있습니다. 그리고 손에 저울과 칼을 들

고 있습니다. 카이로스 동상 앞의 경구에는 이렇게 쓰여 있습니다.

'앞머리가 무성한 이유는 사람들로 하여금 내가 누구인지 금방 알아차리지 못하게 하고, 나를 발견했을 때는 쉽게 붙잡을 수 있도록 하기 위함이고, 뒷머리가 대머리인 이유는 내가 지나가고 나면 다시는 나를 붙잡지 못하도록 하기 위함이며, 발에 날개가 달린 이유는 최대한 빨리 사라지기 위해서이다.

저울을 들고 있는 이유는 기회가 앞에 있을 때는 저울을 꺼내 정확하게 판단하라는 의미이며, 날카로운 칼을 들고 있는 이유는 칼같이 결단하라는 의미이다. 나의 이름은 '기회' 이다.'

카이로스의 신의 말을 풀이해보면 이렇습니다.

"인간들아 너희가 나를 잘 알아보지 못하도록 앞 머리를 덥수룩하게 변장을 했지만, 너희 중에 누군가가 나를 알아보고 팔을 뻗으면 나는 언제든지 너희에게 잡혀줄 수 있다. 그런데 너희가 나를 알아보지 못하고 놓치면 나는 바람처럼 사라질 것이다. 나는 기회라는 시간의 신이다."

같은 시간을 살았지만 어떤 친구는 꿈을 이루고, 어떤 친구는 꿈을 이루지 못하고 사는 이유는 바로 시간의 문제입니다. 인생의 절대시간은 동일하게 살았지만 상대시간은 서로 다르게 사용했던 것입니다.

누구에게나 균일하게 24시간이 주어지지만 어떤 사람은 10시간도 못 쓰고, 어떤 사람은 30시간처럼 활용합니다. 결국에는 그것이 차이를 결정합니다. 인생의 성공과 실패는 나중에 결정되는 것이 아닙니다. 지금 결정되는 것입니다. 도전에는 항상 유효기간이 있다는 것을 잊지 마세요.

도전은 항아리에 넣어서 묵혀야 제맛인 된장, 고추장이 아닙니다. 오늘 무언가를 도전하기로 마음먹었다면 지금 당장 자리를 털고 일어나야 합니다. 그래야 막 딴 과일처럼 신선한 성공을 맛볼 수 있지요. '내일부터 시작하지 뭐'와 '그래, 지금 당장 시작해보는 거야' 사이의 선택은 당신의 몫입니다. 그 선택이 당신의 앞날에 얼마나 중요한 영향을 미칠지는 다시 설명하지 않아도 될 것이라고 생각합니다.

지금, 바로 지금이 당신이 꿈을 향해 도전해야 하는 바로 그 순간입니다.

희망의 끈을 놓지 않은 사람들②
— 이환용 평강 한의원 원장

이환용 원장을 처음 만난 것은 MBC 〈희망특강 파랑새〉 프로에서였습니다. 그는 한의대학 시험에서 무려 8번을 떨어지고 9번째 합격한, 그야말로 8전9기를 몸소 보여준 분입니다.

"너무 가난했었습니다. 어떻게 말할 수가 없을 정도였습니다. 매순간이 고통의 연속이었죠. 그런데 지나고 보니까 그 고통이 나를 만들어주었다는 것을 알게 됐습니다. 그 고통이 제 인생의 자산이었던 겁니다. 그것을 몰랐더라면 아마 제 인생은 반쪽 인생이 되었을 겁니다."

그의 아버지는 6·25참전 용사로 전쟁 중에 큰 부상을 당했습니다. 그는 병과 싸우며 7년 동안의 고통을 시간을 보내다가 33세, 그야말로 꽃다운 청춘에 삶을 마감하셨습니다. 그때 이 원장의 나이는 3살. 슬픔이 뭔지 채 알지도 못한 때였지요.

그의 큰누나는 초등학교 4학년 때 학교를 중퇴해야 했습니다. 그 당시 이 원장이 살고 있던 동네는 피난민만 모여 사는 서산의 〈농장마을〉이라고 불리는 곳이었습니다.

중학교 때, 농장마을이 목장으로 개발되어서 그 곳에 살던 사람들은 뿔뿔히 흩어져야 했습니다. 이 원장도 서울로 전학했습니다.

어렵게 학업을 이어오던 중, 고등학교 시절 교통사고를 당해서 6개월 동안 병원에 입원했다가 그 후 1년 동안 목발을 짚고 다녔습니다.

그러던 어느날, 라디오를 듣다가 우연히 자신과 같은 증세의 다리는 지압을 하는 것만으로 완치할 수 있다는 이야기를 들었습니다. 그는 아무 생각없이 무작정 그 곳을 찾아갔습니다. 하지만 너무 비싼 비용 때문에 엄두를 내지 못했습니다. 그는 용기를 내서 지압을 해주는 사람에게 자신의 처지를 설명하고, 지압을 하는 방법을 가르쳐달라고 했습니다. 처지가 딱해보였던지 지압을 하는 사람은 몇 가지 기술을 그에게 알려주었습니다.

그 후, 한번은 한의원으로 한의원에서 침을 맞으러 갔습니다. 하지만 너무 비싸서 사정을 이야기하고 침놓는 방법을 배웠습니다. 그는 스스로 지압을 하고 침을 놓았습니다. 그러면서 그의 증세는 눈에 띄게 호전되어갔습니다. 6개월 동안의 입원보다 침과 지압의 효과가 더 좋다는 것을 경험한 그는 한의사가 되기로 결심했습니다.

그는 대학에 떨어지고 재수하면서 아르바이트를 해야 했습니다. 그 당시 그는 일할 필요없이 공부만 할 수 있는 친구들이 가장 부러웠습니다.

누나가 결혼을 하면서 그는 집을 나왔습니다. 그의 주머니에 있었던 돈은 3천 원. 그 돈이 떨어지면 꼼짝없이 굶어야만 하는 상황이었습니다. 그때부터 그는 '무면허 의료행위'를 시작했습니다. 친구들의 어머니에게 침을 놓고 지압을 해서 받은 돈으로 허기를 채웠습니다.

영어 지도원 친구를 치료해주고 영어 강의를 공짜로 듣고, 수학 지도원 친구를 치료해주고 수학 강의를 공짜로 들었습니다. 그러던 어느 날, 지도부장 사모님을 치료해주게 되었고, 덕분에 전과목의 강의를 공짜로 들을 수 있었습니다.

그는 원광대, 동국대, 경희대, 대전한의대 등의 입시에 도전했다가 8번을 낙방했습니다. 그리고 9번째, 그는 당당히 동국대 한의대에 합격했습니다. 그때 그의 나이는 28세. 그는 그 당시 '최다 재수'의 기록을 세웠다고 합니다.

'초점을 맞추면 강철도 뚫는다'는 말이 있습니다. 누구나 한번쯤 돋보기를 통해 태양빛을 모아 잔디나 종이를 태워본 일이 있을 것입니다. 따사롭기만 했던 빛이 한군데로 모여 레이저와 같은 강력한 힘을 발휘하듯이 우리가 원하는 바에 완전히 몰입했을 때 제대로 된 성과를 거둘 수 있습니다. 몰입을 위해서는 목적이 명확해야 합니다. 몰입을 동반한 목적은 열정을 낳습니다.

이환용 원장은 반드시 한의대학에 가고 말겠다는 분명한 목적이 있었습니다. 그는 그 목적 하나를 위해 몰입했습니다. 그리고 자신의 모든 것을 걸고 꾸준히 도전했습니다. 8번의 실패도 그의 무릎을 꿇릴 수는 없었습니다.

강남에서 전국적으로 유명한 코 전문 한의원인 평강 한의원을 운영하는 그는 그 어렵고 힘들었던 이야기를 하면서도 잔잔한 미소를 잃지 않았습니다.

7전8기, 8전9기. 무슨 유행가 가사처럼 쉽게 말하지만 그 말 속에는 수없이 많은 눈물과 땀과 노력이 녹아 있습니다. 한 번의 실패도 견디기 힘든데, 8번의 실패는 살아 있는 것이 용하다 싶을 정도로 많은 어려움이 있었을 것입니다.

실패해도 다시 도전해보겠다는 용기는 그냥 생기는 것이 아닙니다. 마음속 깊이, 뼈 마디마디에 자신의 꿈과 목표를 새겨놓고 스스로를 채찍질하며 얻어낸 비싼 대가입니다. 도전의 반대말은 실패가 아닌 포기입니다. 실패라는 말에는 '지금은 무너졌지만 다시 일어날 수 있다'는 뉘앙스가 숨어 있지만 포기는 그야말로 모든 것을 내려놓고 절망의 늪으로 빠지겠다는 뜻입니다.

아주 유치한 말이지만 우리는 앞으로 '포기'라는 말을 입에 올리지 말아야 합니다. 김장철에 배추 셀 때 빼고는.

도전은 자격이 있는 누군가만 할 수 있는 것이 아닙니다. 나이가 많든 적든, 부자든 가난하든, 남자든 여자든 아주 공평하게 누릴 수 있는 멋진 것입니다. 덤으로 희망도 꿈도 행복도 따라오니 그 얼마나 고마운 것인가요.

제4장

삶을 이끄는 6 가 지 위대한 원리

소통

- 털어놓아라, 그러면 길이 보인다
- 미처 피지 못하고 지다, 청소년의 자살
- 소통의 부재가 만든 사회병, 왕따
- 나라보다 자신을 지키는 법을 먼저 익혀야 하는 사람들, 군인의 자살
- 소통으로 팔자 고치기
- 소통의 핵심은 시각적인 요소와 이미지
- 소통의 출발은 경청이다
- 상대의 성격 파악하기

털어놓아라, 그러면 길이 보인다

아날로그 시대에서 디지털 시대로 변화하면서 그 어느 때보다도 커뮤니케이션이 활발히 이루어지고 있습니다. 소셜 네트워크는 불과 몇 초 안에 상대의 상태를 쉽게 알 수 있고, 자신의 의견을 많은 사람에게 알릴 수 있게 되었지요.

누군가에게 마음을 전하는 편지를 부쳐놓고, 답장이 오기만을 학수고대하던 일들은 요즘의 세대들에게는 옛날옛적 호랑이 담배 피우던 시절의 이야기처럼 들릴 것입니다.

커뮤니케이션, 그야말로 소통이 활발히 이루어지는 시대입니다. 하지만 아이러니하게도 서로에 대한 이해로 인한 문제는 예전보다 더 많이 증가했고, 누군가와 고민을 함께 하지 못해 마음의 병이 드는 경우가 훨씬 더 많아졌습니다. 그야말로 소통의 홍수 시대에 살고 있는데 말이지요.

그것은 아마 그 소통이 '일방통행'적인 성격을 띠고 있기 때문이 아닐까 싶습니다. 소셜 네트워크를 통해 자신의 이야기, 자신의 주장만 내세우고 상대의 말은 귀담아 듣지 않습니다. 이것은 온전한 소통이라고 볼 수 없지요. 마음은 열지 않고 목소리만 높이는 단방향 소통은 차라리 없는 것보다 위험합니다.

감성의 소통, 이해와 배려가 있는 소통이 진정한 마음의 나눔입니다.

동의보감에 보면 '아픈 것은 통하지 않기 때문이요, 아프지 않은 것은 통하기 때문이다'라는 대목이 있습니다.

절망은 소통의 부재에서 비롯됩니다. 사람과의 소통, 세상과의 소통에 해답이 있습니다.

내부의 문제로 파산위기에 있던 캐나다의 토론토에 있는 골드코프라는 금광회사는 파격적인 소통을 통해 1억 달러짜리 금광회사를 100억 달러짜리 회사로 키웠습니다.

골드코프는 몇 년 동안 고전을 면치 못했습니다. 파업은 계속되었고 부채는 줄어들 기미를 보이지 않았으며, 생산원가는 경쟁사에 비해 터무니없이 높았습니다.

시장상황도 만만치 않았습니다. 금 거래 시장이 위축되었고, 대부분의 분석가들은 골드코프가 50년 동안 금을 채굴한 캐나다 온타리오의 레드 레이크 광산이 고갈되고 있다고 진단했습니다. 상당량의 금이 매장된 새로운 광산을 찾지 못한다면 골드코프는 문을 닫아야만 하는 상황이었습니다.

당시 사장이었던 펀드매니저 출신의 롭 맥이웬은 세계 최고의 전문가들로 구성된 T/F팀을 주축으로 새 금맥을 찾기 위한 노력을 기울였으나 모두 허사였습니다. 수년에 걸쳐 계속된 탐사에도 불구하고 별다른 성과가 없자, 맥이웬은 깊은 좌절감에 빠졌습니다.

그러던 중 1999년 어느 날, 그는 젊은 경영자들을 위한 MIT강연회에 참석했다가 우연히 리눅스에 관한 얘기를 듣고 '이거다!' 싶은 깨달음을 얻었습니다.

리눅스는 무료배포 및 공용사용을 목적으로 만들어진 컴퓨터 운용프로그램입니다. 공개 운영체제이므로 누구나 사용이 가능한 완전 개방형 프로그램이죠. 사용에 별도 비용이 필요 없음은 물론이고 CPU, 주변기기와의 호환성이 뛰어납니다. 뿐만 아니라 다양한 응용프로그램을 제공하고 인터넷의 모든 기능 지원 등 기존 윈도우 운용체제에 뒤지지 않는 비교우위를 가지고 있습니다. 따라서 무한한 발전 가능성을 담보로 21세기 가장 주목 받는 운영체제로 평가 받고 있습니다.

맥이웬은 리눅스의 바로 '개방과 공유를 통한 아이디어 창출'에서 좋은 아이디어를 얻어냈습니다.

그는 리눅스 창시자인 리누스 토발즈와 소프트웨어 개발자들이 모여서 세계적 수준의 컴퓨터 운영체제를 개발해 인터넷에 퍼뜨린 이야기에 신선한 충격을 받았습니다.

강연회의 강의를 맡은 강사는 토발즈가 세상에 코드를 공개하고 난

후, 수천 명에 달하는 익명의 프로그래머들이 그것을 연구하고, 또 그것을 토대로 자기가 연구한 것을 가지고 사회에 기여할 수 있었던 과정에 대해 설명했습니다.

맥이웬은 깊은 생각에 빠져들었습니다.

'골드코프 직원들이 레드 레이크 광산에서 금을 찾을 수 없다면, 다른 누군가가 할 수 있지 않을까? 그리고 그런 사람을 찾으려면 토발즈가 리눅스의 소스를 공개했던 것과 마찬가지로 탐사 과정을 공개하는 것이 최선이지 않을까?'

사실 광산업은 매우 은밀한 산업입니다. 광물자체도 그렇지만 지질 데이터 역시 대단히 소중한 자료이며 신중하게 보호되는 자원입니다. 그럼에도 맥이웬은 중대한 결심을 하였습니다.

2000년 3월, '도전 골드코프' 콘테스트를 개최해 상금으로 총 57만 5천 달러를 내걸었습니다. 지난 50여 년 동안 특급 비밀로 축적된 약 6천 730만 평에 달하는 광산에 관한 모든 정보가 골드코프 웹사이트에 공개되었고, 콘테스트의 소식은 인터넷을 타고 전 세계로 빠르게 퍼져나갔습니다. 직원들은 동참을 하기는커녕 맥이웬이 미친 짓을 한다고 비난했습니다.

콘테스트가 시작되자 50여 개국의 누리꾼 천여 명이 분주하게 데이터를 분석하기 시작했습니다.

그 후로 몇 주 동안 세계 곳곳에서 참가자들이 물밀 듯이 밀려들었습니다. 전문 지질학자들은 물론이고 뜻밖에도 아마추어 대학원생, 컨설

턴트, 수학자, 군대 장교까지 레드 레이크 광산에서 금맥을 찾아내기 위해 참가했습니다.

그 결과 참가자들은 레드 레이크 광산에서 110곳의 후보지를 찾아냈습니다. 놀랍게도 이 새로운 후보지의 80퍼센트 이상에서 금 220톤이 발굴되었고, 1억 달러의 저조한 실적을 내던 골드코프 사는 매출 100억 달러의 기업으로 다시 태어나게 되었습니다. 망해가던 온타리오 북부의 광산업체에서 가장 혁신적이고 가장 큰 수익을 내는 기업으로 변모한 것입니다.

당신이 혹시 자신만의 문제로 고민하고 있다면, 누군가에게 문제를 털어놓는 것도 해결책 중 하나입니다.

당신은 작은 방 안에 있습니다. 창문을 꼭 닫고, 방문을 굳게 잠그고. 그러면서 당신은 생각할 겁니다. 어느 누구도 그 방에 들어올 수 없으니 당신은 안전하다고. 하지만 천만에요. 당신은 스스로를 보호하고 있는 것이 아니라 방 안에 갇혀 있는 것입니다.

그 방 안에서 화재가 일어난다면 당신은 꼼짝 없이 불에 타 목숨을 잃게 됩니다. 창문을 열고 살려달라고 소리치세요. 방문을 열고 사람들이 있는 곳으로 달려가 불이 났다는 것을 알리세요. 그래야 당신도 살 수 있고, 화재로 인한 이웃의 피해를 줄일 수 있습니다.

'그 누군가가 내 이야기를 관심 있게 들어줄까?

'괜히 내 치부를 드러내서 이미지만 나빠지지 않을까?

이런 생각을 하고 있다면 당신은 배 부른 고민을 하고 있는 것입니다. 그로 인해 도움을 얻을 수 있어서가 아니라 소통을 통해 편한 마음을 가질 수 있고, 입으로 말을 하면서 그 문제에 대해 객관적일 수 있어서 소통이 필요한 것입니다. 참 재미있지요? 누군가와의 소통을 통해 자신 스스로 소통을 하게 될 수 있다니. 그러니 소통이라는 것이 얼마나 매력적인가요. 당신도 이 매력에 푹 빠져들길 바랍니다.

미처 피지 못하고 지다, 청소년의 자살

아무리 자살하는 사람들이 흔하고, 신문이나 뉴스에 나오는 자살 사건에 무디어졌다고는 하지만 청소년들의 자살 소식을 들으면 가슴이 쿵 하고 내려앉습니다. 여리디 여린 몸과 마음을 가진 청소년들이 어떻게 그렇게 무섭고 절망적인 결단을 내렸는지 안타깝기 그지없습니다.

그저 소식을 접하는 입장에서도 이런데 그 아이들의 가족과 친구들은 얼마나 슬픔이 클까요? 안타깝게도 우리나라의 청소년 자살률은 다른 나라에 비해 심각한 수준입니다. 자살은 어떤 연령층을 불문하고 누구에게나 비극적인 일이지만, 특히 청소년의 자살은 가족과 사회에 더욱 충격적인 비극을 안겨줍니다.

부모님에게 모든 것을 의지했던 아이의 시기와 모든 문제를 스스로 해결해야 하는 어른의 시기 사이에서 혼란을 겪고 있을 청소년들. 그들의 스트레스는 우리가 일반적으로 생각하는 것보다 훨씬 더 클 수 있습니다. 이 시기를 현명하게 극복하는 청소년은 건강한 사회의 구성원이 되지만, 순간의 판단으로 위험한 선택을 하는 청소년은 돌이킬 수 없는 비극을 맞게 됩니다.

우리의 아이들이 왜 이런 극단적인 선택을 할 수밖에 없었을까요?

더 늦기 전에 우리는 그들의 입장에서 그들의 이야기를 들어주고, 다시는 그런 비극이 일어나지 않도록 예방해야 합니다.

막연히 '우리 아이는 그럴 리 없으니까', '공부 안 하고 부모 말 안 듣는 애들이나 그러는 거지'하고 치부해버리기엔 문제가 커져버렸습니다. 미래의 우리 사회를 이끌어갈 소중한 인재들이 스스로 죽음의 길을 택한다는 것은 국민의 한 사람으로서 진지하게 고민해봐야 하는 문제입니다.

성인과는 다르게 청소년의 시기에는 사람과 사람 사이의 관계에 대해 능숙하지 못합니다. 누군가를 이해하는 너그러움도, 누군가에게 받은 상처를 스스로 치유하는 지혜도 아직 갖추지 못한 상태이지요. 그래서 청소년의 자살은 자신의 문제보다는 학교, 가족, 친구처럼 타인과의 관계에서 상처를 입어 일어나는 경우가 많습니다. 타인과의 '소통'에 문제가 생기면 청소년들은 마음에 상처를 입고, 좌절하게 되며 끝내는 죽음을 생각하기도 합니다.

대부분의 자살이 그렇듯이 청소년 자살의 원인도 우울증이 큰 원인이 됩니다. 우울증이란 일시적으로 슬프고 침울한 기분상태가 아니라 우울한 상태가 최소한 2주 정도 지속되고 일상적인 생활을 할 수 없을 만큼의 정서적인 고통을 수반하는 일종의 정신장애입니다. 자살 청소년의 75퍼센트가 자살 전에 우울증을 겪습니다.

또 다른 원인으로 자아 존중감을 들 수 있는데 이것은 자신의 특성에 대해 개인이 부여하는 가치입니다. 다시 말해 자신을 가치 있는 사람으로 여기는 마음입니다. 감수성이 예민한 사춘기의 시기를 겪고 있는 청소년들에게 낮은 자아 존중감은 매우 위험합니다.

이 밖에도 다음과 같은 원인들이 청소년들로 하여금 자살을 생각하게 합니다.

- 부모 폭력 목격 경험과 학대 경험
- 자살 사이트 방문 경험으로 자살충동과 동반자살에 대해 고민
- 유명 연예인의 자살영향이나 매스컴의 선정적 자살보도
- 학업 스트레스 및 주관적인 학업 성취감
- 고층아파트의 주거환경

청소년들의 자살 징후

청소년의 시기가 되면 서서히 부모나 가족과 거리를 두고 싶어 합니다. 학교의 수업이 늦게 마치고, 방과 후에 사교육 등의 문제로 늦게 귀가하기 때문에 가족들은 자연히 청소년인 자녀와 대화를 하거나 함께 식사를 할 수 있는 시간이 많지 않습니다.

그저 문제 없이 잘 지내려니, 마음을 놓고 있다가 나중에 크게 충격을 받는 일이 생길 수도 있습니다. 형제나 자녀가 평상시와 다르게 행동한다거나 눈에 띄게 표정이 어두워졌다면 평소보다 더 많은 관심을 가지고 지켜봐야 합니다.

자살을 하는 청소년들은 어느 날 갑자기 그런 행동을 하지는 않습니다. 분명히 평소와는 다른 징후들을 보이게 마련이지요.

아래와 같은 행동들이 눈에 띈다면 자녀나 형제에게 따뜻한 말과 관심을 보여주어야 합니다.

- 식사 습관과 잠버릇이 눈에 띄게 변했다.
- 가족이나 친구들과 잘 어울리려 하지 않는다.
- '잠들어 깨지 않으면 좋겠다' 등의 자살을 암시하는 말이나 메모를 한다.
- 일기장이나 친구에게 죽음에 관한 말을 한 적이 있다.
- 자살에 관한 책을 읽거나 자살 관련 사이트에 방문하거나 가입한다.
- 학업 성적이 계속 떨어지거나, 장기결석 또는 가출하는 경우가 발생한다.
- 사소한 일로 짜증을 내거나 평상시와 다른 반항, 파괴적인 행동 등 성격에 급격한 변화가 발생한다.

자살 징후가 보이는 청소년들에 대한 대응 방법

- 평소와 다른 행동은 도움을 요청하는 신호이기 때문에 화를 내거나 무안을 주어서는 안 된다.
- 그 아이가 겪고 있는 문제를 충분히 인식하고 있다는 것을 표현하고 기꺼이 도움을 주고 싶다는 의도를 알린다.
- 자살을 시도하는 청소년은 부모나 가족, 친구로부터 소외되고 고립되었다는 느낌을 갖고 있기 때문에 행동의 원인을 파악하고 대처해야 한다.
- 심리상담자, 신경정신과 의사, 청소년 문제 전문가 등 전문가의 도움을 받아 자살을 생각한 원인을 알아본다. 그리고 그 만큼 그 아이에게 관심이 있고 보호하고 싶어한다는 것을 알린다.
- 문제를 공감하고 있다는 것을 알려주고 솔직한 심정을 털어놓도록 유도한다.

청소년의 자살 예방을 위한 대화법

- 아이의 이야기가 끝날 때까지 참을성 있게 기다린다.
- 한 번에 한 주제에만 초점을 맞춘다.
- 상대방이 하는 말을 듣고 평가하지 않는다.
- 말은 짧게, 목소리는 차분하게 이야기한다.
- 되도록 제안을 하고 요구를 하지 않으며, 상대방을 존중하는 방식으로 이야기한다.

소통의 부재가 만든 사회병, 왕따

 발음하기도 불편하고, 들어도 마음이 편하지 않은 집단 따돌림을 가리키는 신조어 '왕따'라는 말이 이제는 마치 오래 전부터 있어왔던 말처럼 우리에게 낯설지 않습니다.

'왕따'란 두 명 이상이 집단을 이루어 특정인을 집단에서 소외시켜 구성원으로서의 역할 수행을 어렵게 하는 것을 말합니다. 인격적인 무시는 물론이고 언어적, 신체적으로 해를 입히는 모든 행위를 지칭합니다.

이러한 집단 따돌림은 다양한 형태로 행해집니다. 대화를 거부하고, 약점을 들추어내거나 모함하는 것은 물론 따돌림의 대상으로 고립시킬 목적으로 그와 가깝게 지내려는 다른 사람들에게 사실과 다른 말을 해서 이미지에 손상을 입힙니다. 성인들 사이에서의 왕따 문제도 심각하지만 아직 정신적으로 성숙하지 않은 청소년들에게 일어나는 왕따 문제는 피해 학생들의 학업부진, 등교거부는 물론 자살 등으로까지 이어져 그 심각성이 매우 심한 정도에까지 이르렀습니다.

청소년들 사이의 왕따는 그들의 특성과 문화에서 나오는 경우가 많습니다. 그 대표적인 예는 다음과 같습니다.

첫째, 청소년들은 육체적인 과도기를 겪습니다. 아이도 어른도 아닌 자신의 상태에 대해 당황스럽기도 하고 때로는 수치스러움을 느낍니다. 그런 이유로 자신감이 없어지고, 타인과의 관계에 소극적인 태도를 보입니다. 그러다 보면 자칫 소외감을 느끼게 되고, 실제로 집단에서 소외되기도 합니다.

둘째, 청소년들은 여러 가지 요인으로 진정한 인간관계를 회피하면서 혼자만의 공간 속에서 자기 생활에 몰두하는 '접촉공포증후군'을 앓는 경우가 많습니다. 이 증상은 입시경쟁에 따른 성적 부담, 부모와 자녀간의 대화 단절과 갈등의 심화, 세대 차이, 컴퓨터와 각종 오락기구 확대 보급 등이 원인이 됩니다.

셋째, 청소년들은 성적이 그들의 가치와 능력을 평가하는 절대기준이 되어버린 입시문화에서 고통을 받고 있습니다. 서로 경쟁하고 서로를 의식해야 하는 상황에서 이기주의가 생기는 것은 어쩌면 당연한 일입니다. 그래서 남과 더불어 살아가는 것, 즉 공동체 의식에 대해 관심을 두지 않습니다.

앞서 말했듯이 청소년의 왕따 문제는 이미 심각한 수준을 넘어서 위험한 상황에 이르렀습니다. 그들의 문제점을 파악하고 문제가 더 크게 확대되지 않도록 예방과 지도가 절실히 필요합니다.

왕따 문제에 대한 예방과 해결을 위한 방법으로는 다음과 같은 것들이 있습니다.

첫째, 대화를 통해 원인을 파악해야 합니다. 특히 부모와 자녀 사이의 원활한 대화가 이루어져야 합니다. 혹시라도 자녀가 집단 따돌림을 당하고 있는 경우, 그 원인이 누구에게 있는가를 알아보고, 아이의 태도나 행동에 문제가 있다면 문제점을 고쳐나갈 수 있도록 도움을 주어야 합니다.

둘째, 교사와의 상담은 필수입니다. 청소년들은 가정보다는 학교에 머무르는 시간이 더 많습니다. 자연히 부모보다는 교사가 학생을 지켜볼 시간이 더 많게 됩니다. 자녀를 담당하고 있는 교사와의 대화를 통해 아이가 집에서는 하지 않는 특이 행동을 학교에서 하는지 상담해보는 것이 매우 중요합니다.

셋째, 부모 스스로 반성해야 합니다. 나는 어떤 부모로 자녀에게 비추어지고 있는가를 반성해볼 필요가 있습니다. 아이에게 자상한 부모인지, 요즘 학생들의 특성을 알거나 이해를 하고 있는지, 자녀들의 입장에서 문제를 이해하려고 노력하는지, 자신의 욕구좌절감이 자녀에게 공격적으로 표출되지는 않는지 되돌아보아야 합니다. 가정에서 부모가 지나치게 명령적이거나 자주 비난하며 위협적인 경우 자녀에게 이상행동이 생기는 경우가 많습니다.

넷째, 가장 중요한 것은 부모의 따뜻한 관심과 사랑입니다. 부모의 입장에서가 아니라 자녀의 입장에서 사랑받고 있다고 느끼게 해주는 것이 필요합니다. 왕따를 당하고 있더라도 흥분하지 말고 차분히 원인을 분석해서 대응해야 합니다.

    자녀의 친구들을 집으로 초대하거나 친구들과 함께 가는 여행을 권해보는 것도 좋은 방법입니다. 상담 기법을 배워 자녀와 함께 갈등을 해결해보도록 노력하고, 자녀와의 원활한 대화를 통하여 칭찬과 격려를 통해 자신감을 키워주는 것이 그 무엇보다 가장 선행되어야 합니다.

나라보다 자신을 지키는 법을 먼저
익혀야 하는 사람들, 군인의 자살

우리를 슬프게 하는 자살 소식 중의 하나는 바로 군인들의 자살입니다. 꽃다운 나이에 황금처럼 아까운 시간을 기꺼이 나라에 내어준 청춘들이 적이 아닌 자신에게 총구를 겨누고 있다니 얼마나 안타까운 일인가요.

그들 자신도 자신이지만 찢어지는 마음으로 나라에 자식을 맡겼는데 자식이 주검이 되어 돌아온다면 부모의 심경은 어떨까요. 말로도 글로도 쓸 수 없을 정도로 처참한 심정일 것입니다.

군인의 자살은 자살을 한 군인 한 사람만의 비극이 아닙니다. 가족이나 군에게도 회복할 수 없는 비극을 초래하는 것은 물론 국가적인 차원에서도 커다란 손실입니다. 더 나아가 군에 대한 국민의 신뢰를 잃게 만드는 중요한 요인이 되기도 합니다.

사회적으로 큰 문제가 되고 있는 청소년 자살과 군인자살은 서로 연관이 있습니다. 청소년들이 시간이 더 지나면 군대에 입대할 나이가 되고, 마음이 건강하지 못한 채 청소년 시기를 보낸 아이들이 군에 입대한 경우, 문제는 심각해진다고 봐야 합니다.

군용어로 군대생활에 적응하지 못하는 위험한 군인들을 '관심병사'라고 부릅니다. 저는 관심병사들을 대상으로 봉사강의를 갑니다. 대부분의 병사들은 처음에는 강의에 집중하지 않습니다. 마치 영화를 보듯 허공을 응시하거나 초점 흐린 눈으로 멍하니 그저 저를 쳐다만 보고 있습니다. 의욕이나 열정 같은 것은 찾아볼 수가 없습니다.

강의가 본론에 들어가면 비로소 집중하고 의욕을 보이기 시작합니다. 관심병사들이 이런 반응을 보이는 것에는 이유가 있습니다.

군대는 청년들에게는 매우 낯선 곳입니다. 행동의 제한은 물론이고, 대개 독자이거나 한두 명의 형제들과만 생활하던 그들에게 수십, 수백 명과의 단체 생활은 적응하기 쉽지만은 않습니다. 따라서 군의 특수한 분위기에 제대로 적응하지 못하거나 군대 내에서 발생하는 선임병들의 폭언이나 폭행을 참아내지 못할 경우 좌절하고 고통스러워하며 심하면 자살하고 싶은 마음까지 생기는 것입니다. 관심병사들은 자신들의 마음을 알아주는 것 같은 강의내용이 나오면 그 내용들 속에서 위안을 받고 싶어합니다. 자신들의 이야기를 말할 수는 없지만 자신들의 마음을 대변해주는 듯한 강의를 들으면 마음을 열고 귀를 엽니다. 그들과의 소통이 시작되는 것이지요. 그만큼 그들은 절박하고 절실한 상황에 놓여 있습니다.

군인들이 이런 마음을 갖게 되는 것은 어찌 보면 당연할지도 모릅니다. 군대에 다녀왔든 다녀오지 않았든 그들의 답답한 상황은 미루어 짐작할 수 있으니까요. 본인의 의사와 상관없이 정해진 복무기간을 채워야 하고, 가정의 문제나 여자친구와의 문제 등 개인적인 문제가 생기기라도 하면 그 스트레스를 적절히 해소할 길이 마땅치 않습니다. 스스로 마음을 잘 다독여 꿋꿋이 생활해나간다면 더할 나위 없이 바람직하지만 그렇지 못한 경우 극단적인 선택을 하기도 합니다.

육군본부의 〈자살방지 예방지침서〉에 의하면 병영생활의 특성을 토대로 군인들의 자살원인을 분석해본 결과 다음과 같은 공통점을 찾았다고 합니다.

- 병영생활 도중 상급자로부터 인격적으로 모욕감을 느끼게 하는 언행을 당했을 때, 동료들로부터 왕따를 당했을 때, 상급자에게 신체적인 고통(구타, 가혹행위, 성추행 등)을 당했을 때, 스스로 부대업무, 훈련 등을 감당할 수 없을 때 자살을 선택하게 된다.
- 군 복무기간 동안 부모의 관계악화(이혼, 별거 등), 부모, 친구, 애인의 사망이나 애인의 변심 등의 상황이 발생하여 군인의 신분으로 스스로 이를 해결할 수 없는 무력감에 빠질 때 자살을 시도한다.

노수현 교수의 연구자료에 보면 군인자살에 대해 더 자세히 알 수 있습니다.

- **사랑의 실패** – 사랑에 실패하면 모든 일에 의미를 상실하고 허무에 사로잡힌다.
- **증오심** – 자신을 괴롭히는 고참에 대한 증오심이 군인을 자살에 이르게 한다. '내가 죽으면 너도 고통을 받을 것이다'라는 생각으로.
- **미래에 대한 두려움과 공포심** – 매일 똑같은 일과와 길고도 지겨운 하루하루가 고통으로 다가올 때 군인들은 공포를 느낀다.
- **수치심** – 잘못을 했을 때 많은 사람들 앞에서 비난을 받거나 자존심에 상처를 받는 경우 죽고 싶다는 생각을 하게 된다.

그렇다면 어떻게 해야 날로 늘어만 가는 군인들의 자살을 줄일 수 있을까요?

우선 가장 시급한 것은 군에 대한 청소년들의 인식을 바꾸는 것입니다. 군 생활에 대한 두려움과 부정적인 인식이 입대를 앞둔 청소년들에게 스트레스를 주거나 공포심을 주기 마련입니다. 아까운 2년을 군대에서 썩는다, 제대하고 나면 남보다 학업이나 생활이 뒤떨어진다, 등의 인식은 군생활에 좋은 영향을 줄 리가 없습니다. 남자라면 당연히 다녀오는 것이 앞으로의 사회생활을 떳떳하고 자랑스럽게 할 수 있다, 나라를 지키는 것은 젊고 패기있는 젊은이만이 할 수 있는 특권이다, 라는 인식을 가질 수 있도록 도와주어야 합니다.

그 다음으로 중요한 것은 군복무 부적격자에 대한 정확히 판정을 내리는 것입니다. 체력적·정신적으로 약하거나 사회적으로 문제가 있는 청년들의 경우, 징병검사를 할 때 정확하고 전문적인 판단과 조치가 있어야 합니다. 군대는 한 사람의 잘못된 판단이나 행동이 수없이 많은 사람들의 목숨과 직결되는 곳이기 때문에 반드시 전문적인 판정이 필요합니다.

마지막으로 주의를 기울여야 할 것은 군인들에게 자살에 체계적인 교육을 시키는 것입니다. 자살예방에 대한 기초지식을 갖고 있으면 주변 동료에게 자살 징후가 발견되었을 때 적절한 조치를 취할 수 있기 때문입니다.

자살자의 75퍼센트가 자살을 시도하기 전에 어떤 형태로든 자살징후를 보입니다. 조기에 발견한다면 자살이나 더 큰 사고를 예방할 수 있습니다. 물론 전문적인 교육을 하기 위해서는 전문가가 필요합니다. 그 전문가가 자살에 대한 올바른 교육과 더불어 어려운 상황에 처해 있는 군인에게 적절한 도움을 줄 수 있다면 군인의 자살률은 현저히 떨어질 것이라고 생각합니다. 직접 도움을 받지 않더라도 마음을 터놓을 곳이 있다는 것만으로도 큰 위안을 받을 수 있을 것입니다.

이 같은 청소년과 군인의 자살 문제의 핵심은 소통의 부재, 즉 불통입니다. 내면과 현실의 충돌에서 발생하는 괴리를 해소하지 못하면 문제가 발생할 수밖에 없습니다. 문제가 생기면 이들은 대인관계를 회피하고 혼자만의 공간으로 은둔을 시작합니다. 그래서 성인처럼 경험해보거나 조언을 들을 수 있으면 별일 아닌 것이 이들에게는 심각한 문제가 되는 것입니다.

성적이 떨어진 일이, 친구들에게 따돌림 당한 일이, 이성 친구와 헤어진 문제가, 선임병의 폭언이 죽을 만큼 심각한 일일까요? 성인의 시각으로는 절대로 그럴 일이 아닙니다. 10년 후에 생각해보면 목숨을 걸었던 그 일이 왜, 무엇 때문에 그랬는지 기억도 나지 않을 것입니다. 기억도 나지 않는 그런 일에 목숨을 거는 것은 비합리적이고, 우매한 것임이 틀림없습니다.

그러나 청소년과 군인의 입장에서 보면 매우 심각한 문제입니다. 따라서 이런 문제를 들추어내서 주변과 소통을 해야 문제가 해결될 수 있습니다.

그들의 문제에 대해 충분히 공감하고 있고, 언제든 도움을 줄 준비가 되어 있다는 것을 표현해야 합니다.

지금은 죽을 것처럼 힘들겠지만, 지나고 보면 한낱 이야깃거리에 불과하다는 것을 알려주어야 합니다. 지금 그들과 소통하며 보내는 짧은 시간은 나중에 가슴을 치며 눈물을 흘려야 하는 많은 시간을 불필요하게 만들어줄 것입니다.

소통으로 팔자고치기

친구 중에 박문식 대령이라는 사람이 있습니다. 박 대령은 '군대는 최고의 리더십 센터'라고 자부하는 군인입니다. 그런데 이 친구의 고민은 군인 사망원인 1위가 자살이라는 데 있습니다. 그는 어떻게 하면 자살을 예방할 수 있을까를 연구하다가 하나의 법칙을 만들었는데, 그것은 일명 '팔자고치기' 전략입니다.

8자 고치기 전략은 〈2×2×2=8〉이라는 데서 유래합니다.
8자 고치기 전략은 다음과 같습니다.
매일 2명에게 공격적으로 선행을 베풀어라 – 배려의 습관화
매일 2가지의 장단기 아이디어를 고민하라 – 창의력의 습관화
매일 2시간 이상을 공부하라 – 인생의 꿈에 관해서 연구하는 습관화

박 대령은 자신의 핸드폰에 매일 밤 10시 30분에 알람을 맞춰놓습니다. 스스로가 그 날의 팔자고치기 전략을 실행했는지 확인하기 위해서지요.

군인들은 내무반에서 매일 똑 같은 얼굴과 마주하며 생활합니다. 그 중의 한 사람, 혹은 그들에게 구타를 당하거나 왕따가 되더라도 보고 싶지 않은 얼굴을 자기 전에, 자고 일어나서 또 마주해야 합니다. 그 스트레스는 말로 할 수 없을 정도일 것입니다. 게다가 스트레스를 해소할 방법도 마땅치 않지요. 술을 마실 수도, 부모님이나 친구에게 매번 고민을 털어놓을 수도 없습니다. 툭하면 고문관으로 찍히는데 이것은 맞는 것보다 더한 치욕입니다. 탈출구가 없는 것입니다.

그러나 박 대령의 전략 대로 누군가에게 공격적으로 선행을 베풀면 그 사람과 친구가 될 수 밖에 없습니다. 그것도 매일 2명에게 호의를 베풀다보면 내무반 전체와 친구가 될 수밖에 없겠지요.

군인 자살의 상당부분은 억압과 소통의 부재에서 비롯됩니다. 소통은 이런 문제를 원점에서 풀 수 있는 해법입니다. 불편할 수 있는 관계에 윤활유가 되어 줄 것입니다.

'팔자를 고친다'는 말은 무언가를 계기로 획기적인 인생의 전환점을 맞을 때 쓰는 말입니다. 그것도 매우 긍정적인 방향으로 말이지요. 박 대령의 팔자고치기 전략은 단순히 군대에서만 통하는 것이 아닙니다. 군을 제대해도 그 전략이 몸에 배어 사회생활을 하든, 가정을 꾸리든 그 자신에게 굉장히 크고 긍정적인 영향을 미칠 것입니다.

그것은 통장의 잔고가 많은 것, 혹은 매력적인 외모를 지닌 것과는 비교도 되지 않을 만큼의 힘을 지니고 있습니다. 그야 말로 팔자를 고치게 해줄 수도 있을 것입니다.

소통이라는 것은 타고 나거나, 누군가에게 자연발생적으로 생기는 습관이 아닙니다. 노력을 기울여야 하고, 누군가에게 먼저 손을 내밀 수 있는 용기도 필요합니다. 하지만 그 노력은 반드시 2배, 3배 이자를 불려 당신에게 그 대가를 지불할 것입니다. 소통, 팔자뿐 아니라 당신의 인생을 통째로 바꿔줄 수도 있습니다.

소통의 핵심은 시각적인 요소와 이미지

UCLA의 커뮤니케이션 교수인 알버트 멜라비안은 커뮤니케이션의 3요소는 Word(단어. 무엇을 말하는가), Voice(소리. 대소, 고저 음색 등), Body Language(태도. 자세, 몸놀림, 얼굴표정, 겉모습, 시선 등)이라고 합니다.

그리고 커뮤니케이션을 할 때 그것들의 역할비율은 단어가 7퍼센트, 소리가 38퍼센트, 그리고 바디랭귀지가 55퍼센트 역할을 한다고 합니다. 일반적으로 의사소통은 말이 가장 중요한 요소라고 생각하겠지만, 소리와 바디랭귀지가 93퍼센트의 결정적인 영향력을 보인다는 것을 알 수 있는 연구입니다. 즉, '무엇을 말하는가' 보다는 '어떻게 말하고, 어떻게 보이는가'라는 감각적인 면이 중요한 것이지요.

다음 사진을 살펴볼까요?

 2007년에 남북정상회담 당시 평양공항에서 김정일 전 국방위원장이 노무현 전 대통령 일행을 맞이하는 모습이 담긴 사진입니다. 사진에서 보이듯이 다른 사람들은 악수를 하면서 김정일 국방위원장에게 머리를 숙였지만 당시 김장수 국방장관은 머리를 숙이지 않았습니다. 이때 김장수 전 장관이 얻은 별명이 '꼿꼿장수'입니다.

 김장수 전 장관이 한 언론과의 인터뷰에서 김정일 국방위원장과 악수할 당시 목례를 하지 않고 꼿꼿하게 한 것에 대해 '68만 군을 생각하고, 군사적으로 적대하는 국가원수 차원에서 목례하지 않은 것'이라고 밝혔습니다. 김장수 전 장관은 이 한 장의 사진으로 '68만 군의 수장으로서 권위를 지켰다', '국방장관다운 당당한 모습을 보였다'는 평가를 받았습니다.

 미국 프린스턴 대학의 심리학교수 알렉산더 토도로프는 〈미 국립과학원 회보〉 논문에서 놀라운 결과를 발표했습니다. 미국에서 1996년

~2002년 사이에 치러진 89개 선거에서 당선자와 낙선자 사진을 실험 참가자들에게 보여주고 그들이 당선자와 낙선자를 짧은 시간 안에 가려낼 수 있느냐 하는 실험을 한 결과였습니다. 실험 참가자들은 0.25초라는 그야말로 눈깜짝할 사이에 당선자와 낙선자의 70퍼센트를 가려냈습니다. 실험 참가자들은 당선자로 꼽았던 인물들이 '유능해 보였기 때문'이라고 말했다고 합니다.

일반적으로 사람을 처음 만나면 첫인상이 결정되는 시간은 4초에 불과하다는 조사결과가 있습니다. 4초 안에 그 사람에 대한 평가의 80퍼센트를 결정한다니 조금은 억울하기도 합니다. 첫인상이 결코 정확한 것이 아닌데 말이지요.

만약, 4초 안에 판단했던 상대방의 첫인상이 잘못된 경우, 그 첫인상을 개선하는 데 소요되는 시간은 무려 40시간입니다. 하루에 1시간씩 만나도 40일을 만나야 잘못된 첫인상이 개선될 수 있다는 뜻입니다.

하지만 누군가와 40시간을 지속적으로 만난다는 것은 쉬운 일이 아닙니다. 더구나 첫인상이 좋지 않아 오래 두고 보고 싶지 않은 경우는 더하겠지요. 대부분 한두 번으로 만남이 끝이 나는 경우가 보통입니다. 결국, 상대에게 좋지 않은 첫인상을 주면 자신에 대한 인식을 개선하는 것이 불가능하다는 뜻입니다.

하지만 실망하기는 이릅니다. 4초와 40시간의 중간에는 4분의 비밀이 있습니다. 처음 만나는 상대와 대화를 나누는 첫 4분 동안 '이 사람과의 만남을 계속 지속할 것인가'를 결정하게 됩니다.

사람은 누구나 자신만의 고유한 이미지가 있습니다. 성격은 상냥한데 얼굴 표정이나 분위기가 딱딱하고 차가운 경우도 있습니다. 그 사람이 누군가와 중요한 만남을 가져야 한다는 상황을 가정해봅시다. 상대방에게 딱딱하고 차가운 인상을 고스란히 보여줄 필요가 있을까요? 저는 그 사람이 억지로라도 미소를 지어서 차가운 인상을 지우려고 노력해야 한다고 생각합니다. 최소한 4분 동안은 상대방이 자신에게 호감을 가질 수 있도록 노력해야 합니다. 그래야 상대와 더 만남을 이어갈 수 있고, 소통을 위한 노력을 할 수 있는 것입니다.

"가식적이고 내가 나 같지 않아서 싫어요. 그저 있는 그대로의 내 모습을 보여줄래요."

억지 미소라는 말에 발끈해서 그 누군가가 저에게 볼멘 소리를 할 수도 있습니다.

물론 상대방이 딱딱하고 차가운 이미지를 좋아한다면 더할 나위 없이 좋겠지요. 하지만 보통의 사람들은 따뜻하고 친절한 사람을 좋아하게 마련입니다.

'있는 그대로의 모습을 보여주는 것'. 물론 좋지요. 하지만 그것은 보여줄 수 있는 기회가 생길 때의 이야기입니다. 첫인상이 좋지 않은 누군가에게 여러 번의 기회란 그리 쉽게 찾아오지 않습니다.

소통은 노력입니다. 자신의 이미지를 긍정적으로, 상대방이 호감을 가질 수 있도록 노력하는 것은 가식과는 다른 것입니다. 당신과 소통하고 싶다, 당신과 소통하기 위해 나는 이렇게 노력하고 있다,를 보여주는 예의이고 이미지 메이킹입니다. 그 소통을 위해 4분의 시간도 노력하고 싶지 않다면 40년, 아니 그 이상의 시간을 외롭게 보내야 할 것입니다.

소통의 출발은 경청이다

"인간의 신체 중에서 가장 강한 곳은 어디일까요?"
강의를 할 때 제가 자주 하는 질문입니다.
"당연히 주먹이지요."

"발입니다. 제 발차기 한 방이면 안 나가떨어지는 사람이 없습니다."

여기저기서 다양한 대답이 나옵니다. 인간의 몸에서 가장 강한 곳은 바로 혀입니다. 주먹이나 발은 한두 명, 솜씨가 좋으면 한 번에 서너 명 정도를 공격할 수 있지만 혀는 수많은 사람을 죽일 수도 있고 살릴 수도 있기 때문입니다.

아이들의 오랜 친구인 '헬로 키티'라는 캐릭터가 있습니다. 귀가 쫑긋 하고 눈은 동그랗지만 입이 없는 고양이 모양의 캐릭터이지요. 요즘에야 뽀로로에게 밀려 2인자로 물러났지만 헬로 키티는 어린이들뿐만 아니라 많은 여성들에게도 사랑을 받고 있습니다.

헬로 키티가 인기가 있는 이유는 귀는 쫑긋하고 입은 없기 때문이라고 합니다. '나는 너의 말을 들을 준비가 되어 있어. 뭐든 나에게 이야기 하렴.'이라고 말하는 듯 입은 꼭 다물고 귀를 기울이고 있으니 아이들의 좋은 친구가 될 수밖에요.

누군가를 설득하고 싶고, 가까이 다가가고 싶다면 헬로 키티를 떠올리세요. 상대를 설득하려면 먼저 상대의 얘기를 들어주어야 합니다. 충분히 그의 이야기를 듣고 공감해준 다음 자신의 이야기를 해야 합니다. '소통의 출발이 경청'인 것이지요. 혀를 아끼는 것도 혀를 잘 쓰는 방법 중 하나이며, 가장 효율적으로 사용하는 것입니다.

상대를 설득하는 방법이 있습니다. 3,2,1의 법칙입니다. 상대를 설득할 때 6분의 시간이 주어진다고 가정해봅시다.

보통의 사람들은 시간의 제약 때문에 3분 동안 서둘러서 자신의 입장을 설명하고, 2분 동안 부연설명하며, 1분 동안 마무리를 합니다. 그러나 이런 방법으로는 상대를 설득하기 어렵습니다.

상대를 설득하려면, 3분 동안 경청해야 합니다. 경청이라는 것은 'hear'가 아니라 'listen'입니다. 그저 귀가 달려 있고 소리가 들리니 하는 수 없이 듣는다, 가 아니라 상대가 하는 이야기에 온 마음과 감각을 집중해서 눈을 바라보고 들어주는 것입니다.

그리고 2분 동안 추임새를 넣어야 합니다. 경청을 하면서 적절한 시점에, "아~~, 예~~" 같은 추임새를 넣는 것이지요. 상대는 이런 반응을 통해 '저 사람이 내 얘기를 경청하고 있구나'하고 호감을 갖게 됩니다.

그리고 상대의 이야기가 끝난 후 1분 동안 자신의 이야기를 한다면 여러 말을 하지 않고도 자신이 원하는 것을 얻을 수 있습니다.

브라이언 트레이시는 "대화는 자신의 마음속에 있는 것을 털어놓는, 일종의 카타르시스 작업"이라고 얘기합니다. 정신과 의사가 그저 환자의 말을 들어주면서 큰 수입을 얻는 것을 보면 틀린 말은 아닌 모양입니다.

하지만 그 경청이란 것이 쉬운 일이 아닙니다. 말하고 싶은 욕구를 참는 것도 힘들지만 상대가 하는 이야기를 들으면서 자신이 할 말을 생각하다 보면 눈빛이 흐트러지고, 자신도 모르게 상대의 이야기를 놓치게 됩니다.

그것은 상대의 말에 온 마음을 다해 집중하지 않아서 생기는 현상입니다. 상대의 말에 집중하다 보면 자신이 해야 할 말은 자연히 생각나게 되어 있습니다. 상대의 말을 잘 듣지 않고 자신이 할 말을 생각했다가는 상대의 말에 집중하지 않았다는 것을 들킬 수도 있습니다. 말의 앞뒤가 맞아떨어지지 않는 경우이지요. 그것은 차라리 경청하지 아니한 만 못합니다. 실컷 말하라고 해놓고 딴 생각을 한 셈이니까요.

경청 역시 노력이 필요합니다. 누군가와 소통하기를 원한다면 제일 먼저 해야 하는 훈련이 경청하는 법입니다.

혀는 인간관계에서 유용하게 사용할 수 있는 무기입니다. 양 날의 검인 셈입니다. 잘 쓰면 모두를 살리지만, 잘못 쓰면 자신도, 수많은 사람들도 해칠 수 있는 위험한 무기인 셈입니다. 칼집에 들어가야 할 때와 꺼내서 써야 할 때를 잘 구별한다면 혀는 인간관계를 성공적으로 이끌 수 있는 좋은 무기가 되어줄 것입니다.

상대의 성격 파악하기

새롭게 생겨나는 신조어들을 주의 깊게 살펴보면 세상이 어떻게 돌아가는지 잘 알 수 있습니다. '왕따', '디스', '악플', '안티', '안습', '쩔다' 등등. 별로 유쾌하지 않는 것들만 적었지만 금방 생각나는 것 중에 밝고 긍정적인 말은 별로 떠오른 것들이 없는 것을 보면 씁쓸한 생각이 듭니다.

신조어들을 처음 듣고는 대강 부정적인지 긍정적인지 감이 오기도 하고 미루어 짐작할 수 있었는데 '돌싱'이라는 말은 도무지 그 의미를 알 수 없었습니다. 머리가 나쁜 사람을 가리키는 건지, 싱싱하지 않은 야채를 가리키는 건지 아무리 머리를 굴려봐도 알 수가 없었습니다. 그러다 그 의미를 알고 나서는 허무해서 피식 헛웃음이 나왔습니다. '돌아온 싱글'이라니 사람들은 말들도 참 잘 만들어냅니다.

요즘 그야말로 돌싱들을 쉽게 만날 수 있습니다. 하기야 결혼하는 사람 중 절반이 이혼한다고 하니 그럴 수밖에요.

　부부가 결혼해서 처음으로 부딪치는 일 중 하나는 치약 때문이라고 합니다. 치약을 짜는 방법 때문에 서로 얼굴을 붉히게 된다고 합니다.

　"자기야, 치약은 끝에서부터 짜서 써야 해요."

　"그래? 나는 지금까지 그냥 잡히는 대로 꾹 눌러 썼는데. 아무튼 앞으로 그렇게 노력해볼게."

　그런데 오랫동안 들여진 습관이 쉽게 고쳐질 리가 없죠. 아내는 몇 번을 더 '치약 짜는 방법'을 설명하고 남편은 대답만 알았다고 하고는 다시 가운데를 꾹꾹 눌러서 짭니다.

　이런 일이 거듭되다가 급기야 어떤 문제가 터지면 볼 똥이 치약으로 번집니다.

　"내가 당신 치약 짤 때부터 알아봤어. 당신은 매사가 대충대충이야. 매일 고친다고 말해놓고 거짓말만 일 삼고 있잖아!"

　"뭐라고? 치약을 아무렇게나 짜면 어때? 그게 그렇게 대수야? 거짓말 한다고? 내가 무슨 거짓말했어?"

　"담배도 끊는다고 매일 거짓말만 하고. 당신 아버지하고 똑같아. 아무튼 치약 짤 때부터 알아봤다니깐!"

　"뭐? 우리 아버지? 우리 아버지는 왜 물고 늘어져!"

　이쯤 되면 결과는 나온 셈입니다. 꼼짝없이 치약이 유죄입니다.

　개와 고양이는 만나면 으르렁거리고 싸웁니다. 서로 신호Sign가 다르기 때문입니다.

개는 웃을 때 입으로 웃지 않습니다. 꼬리로 웃습니다. 기분이 좋을 때 꼬리를 흔들고, 기분이 나쁠 때 꼬리를 낮춥니다. 장난치며 놀고 싶으면 앞다리를 듭니다.

고양이의 경우는 정 반대입니다. 기분이 좋을 때 꼬리를 낮추고, 기분이 나쁠 때나 싸울 때는 꼬리를 위로 올립니다. 싸울 때 앞 다리를 들어 올립니다. 따라서 개가 고양이를 만나서 반갑다고 꼬리를 흔들면 고양이는 싸우자는 신호로 받아 들이고 전투 태세를 갖추는 것입니다.

정말 안타까운 일입니다. 동물의 언어를 할 수 있다면 두 동물 사이의 중재 노릇이라도 해주고 싶은 심정입니다.

하지만 이건 비단 개와 고양이, 동물들 사이에서만 일어나는 일이 아닙니다. 말을 할 줄 알고, 스스로의 의사를 표현할 수 있는 사람들도 상대를 잘 파악하지 못해 부딪치는 경우가 많습니다.

다행히 상대를 한 눈에 파악하는 유용한 방법이 있습니다. 저는 사람을 만나면 사슴, 코알라, 돌고래, 호랑이 등 4마리의 동물 유형으로 구분하고 '이 사람은 어떤 형일까'하고 분석을 시작합니다.

〈성격 파악하기〉

누군가를 만나면 가장 먼저 1단계로 성격이 급한지 여유가 있는지를 구분합니다. 그 다음 2단계로 일 중심적인지 사람 중심적인지를 구분합니다. 그러면 성격유형이 다음과 같이 구별됩니다.

1단계 : 성격의 완급	2단계 : 일과 사람에 할애하는 비중	성격 유형
성격이나 행동이 급하고 빠르다.	일 중심적이다.	호랑이 형
	사람 중심적이다.	돌고래 형
성격이나 행동이 여유있고 느리다.	일 중심적이다.	사슴 형
	사람 중심적이다.	코알라 형

이러한 4가지 성격유형은 다음과 같은 특징을 갖고 있습니다.

■ 호랑이 형

우유부단한 것을 싫어합니다. 앞장서기를 좋아합니다. 리더십이 강해서 추진력이 뛰어나고, 책임을 타인에게 전가하지 않는 특징이 있습니다. 주변사람으로부터 '리더십이 강하다'는 평가를 받기를 원하는 유형입니다.

■ 돌고래 형

냉소적인 반응을 매우 싫어합니다. 쉽게 흥분하고, 충동적입니다. 낙관적이며 매사에 빠르게 적응합니다. 외모나 성격을 칭찬해주면 광분하는 타입입니다. 주변사람으로부터 '인기가 좋다'는 평가를 받기를 원하는 유형입니다.

■ 사슴 형

예측 불가능한 상황을 매우 싫어합니다. 논리적이고 절제된 생활을 하며, 타인의 비판을 매우 싫어해서 매사에 완벽을 기합니다. 정확성이 최고의 무기라고 생각하고, 말보다 행동이 앞서기 때문에 불필요한 말을 많이 하지 않습니다. 주변사람으로부터 '정확하다' '틀림없다'는 평가를 받기를 원하는 유형입니다.

■ 코알라 형

변화를 두려워하고 강압적인 지시에 스트레스를 느낍니다. 인간관계를 중시합니다. 인내심이 많고 친절합니다. 안정적인 생활을 하고 싶어 하고 주변사람의 이야기를 충분히 들은 다음에 의사결정을 합니다. 소통을 매우 즐거워합니다. 주변사람으로부터 '성실하다'는 평가를 받기를 원하는 유형입니다.

〈각 유형별 칭찬 방법〉

■ 호랑이 형

추진력이 뛰어나서 믿고 맡길 때 성과가 나타나기 때문에 성취력, 추진력, 진취적인 능력을 칭찬하면 효과가 있습니다.

■ 돌고래 형

외모나 아이디어, 성격을 칭찬하는 것을 좋아합니다. 칭찬을 받으면 매우 좋아합니다.

■ 사슴형

행동보다 말이 앞서는 것을 싫어하기 때문에 논리성과 정확성 그리고 체계화를 칭찬해주는 것이 효과적입니다.

■ 코알라형

안정적인 상태를 좋아하기 때문에 팀워크, 타인을 배려하고 존중하는 태도, 상담능력을 칭찬해주는 것이 좋습니다.

상대의 성격을 파악하고 대응할 때 소통의 효과가 높아지는 것은 물론 관계도 좋아집니다. '막히지 않고 잘 통함'을 의미하는 소통이라는 말처럼 내가 남들로부터 이해받고 있다는 느낌은 큰 위안입니다. 그 위안은 커다란 고통과 좌절도 견디게 할 수 있으며, 자살충동에서 벗어나게 만들 수도 있습니다. 진정한 소통을 원한다면 상대를 제대로 이해하고, 그 상대의 입장을 이해하려고 노력해야 합니다.

'나만 왜 이렇게 힘들게 노력해야 해. 정말 불공평해.'라고 생각할 수 있지만 당신도 누군가에게 '상대방'입니다. 그 누군가도 당신과 소통하고, 당신을 이해하려고 노력을 기울일 것입니다. 소통은 혼자 하는 것이 아니고 그 누군가와 함께 마음을 나누는 것이니까요.

우리는 인간이고, 만물의 영장이고, 지구상에서 가장 뛰어난 지능을 가진 생명체입니다. 그런 우리가 개나 고양이처럼 서로의 신호가 다르다고 다툼을 벌이고 상처를 낸다면 얼마나 부끄러운 일인가요. 제대로 된 소통을 통해 지혜로운 인간관계를 만들어간다면 '돌싱'같은 국적과 출처를 알 수 없는 애매모호한 말들이 더 이상 생겨나지 않을 것입니다.

제5장

삶을 이끄는 6가지 위대한 원리

돈

- 돈의 아이러니
- 돈, 돈, 돈
- 돈 버는 방법을 학습하라
- 사장의 마인드로 무장하라
- 창의력은 돈이다
- 저축이 부자를 만든다
- 부채청산의 7원칙
- 부자의 조건

돈의 아이러니

돈은 좋은 것일까요, 나쁜 것일까요? 아마 쉽게 답하지 못하는 분들이 있을 것입니다. 대체로 우리나라 사람들이 돈에 관한 갖고 있는 정의는 '돈이란 남이 가지면 나쁜 것이고, 내가 가지면 좋은 것이다'입니다.

조선일보와 우리나라갤럽이 10개 국가, 5190명을 대상으로 설문(2011.1.7)했습니다.

'돈은 행복과 관계가 있을까요?' 이 질문에 응답자의 93퍼센트가 '돈은 행복과 관계가 있습니다.'라고 1등으로 응답한 나라가 있습니다. 바로 우리나라입니다.

그리고 그 다음 질문인 '한 해 소득이 얼마 정도면 행복할 것 같은가?'라는 질문에 우리나라 사람들은 '3,400만~6,900만 원'이라고 다소 낮은 수치를 들었습니다. 나머지 9개 나라에서 가장 많이 나온 답은 공통적으로 '연간 1억 1400만 원 이상'이었습니다. 갤럽 허진재 이사는 "우리나라 사람들은 행복을 위해 필요한 액수는 비교적 낮게 생각하면서도 돈이 행복의 필수 요건이라고 답하는 이중성을 보였다"라고 말했습니다.

'돈 많은 사람에 대해 어떻게 생각합니까?' 라는 질문에 우리나라의 응답자 중 57퍼센트가 '다 도둑놈들이다.'라고 대답했습니다.

'세상에서 가장 행복할 것 같은 사람은?'이라는 질문에는 9개 국가 35퍼센트가 나 자신이 가장 행복하다고 응답했지만, 우리나라는 29.4퍼센트는 세계 최고의 부자인 빌 게이츠라고 대답했습니다.

돈에 대한 우리나라 사람들의 아이러니를 여실히 보여주는 설문이었습니다. 그야말로 '돈 많은 도둑놈인 빌 게이츠'를 부러워하는 것입니다. 자식들에게는 바르게 살라고 가르치면서 도둑놈을 부러워하는 것이지요.

우리나라 사람들은 돈에 관한 이중성이 가장 강합니다. 돈에 관해 이중적인 자세를 가지지 않아야 돈의 노예가 되지 않을 수 있고, 돈에 대한 인식이 바로 서며, 그래야 정직하게 돈을 벌 수 있습니다.

돈으로 음식을 살 수 있지만 식욕은 살 수는 없습니다.
돈으로 집을 살 수 있지만 가정을 살 수는 없습니다.
돈으로 시계는 살 수 있지만 시간을 살 수는 없습니다.
돈으로 침대를 살 수 있지만 잠을 살 수는 없습니다.
돈으로 책을 살 수 있지만 지식을 살 수는 없습니다.

돈으로 의사를 살 수 있지만 건강을 살 수는 없습니다.

돈으로 직위를 살 수 있지만 존경을 살 수는 없습니다.

돈으로 피를 살 수 있지만 생명을 살 수는 없습니다.

돈만 있으면 뭐든지 할 수 있을 것 같지만 위의 글처럼 돈을 가지고도 못하는 일이 이리도 많습니다. 하다 못해 평화롭게 잠 드는 일조차 해주지 못하는 것이 돈입니다.

그럼에도 불구하고 자살사망자의 상당수가 경제적인 요인 때문에 스스로 목숨을 끊는다는 자료를 보면 상당히 우울합니다. 그러나 부정할 수 없는 현실입니다. 평상시에는 돈이 인생에서 그렇게 막강한 영향력을 갖고 있는지 실감을 못하다가 정작 돈이 절실하게 필요한 순간이 오면 지탱하기 어려운 삶의 무게로 다가옵니다. 이 역시 돈이 두 얼굴의 무서운 존재임을 보여주는 것이지요.

부자들은 돈에 관해 갖는 기준이 항상 명쾌합니다. 돈 버는 기계로 살거나, 아니면 돈 버는 기계를 갖고 살거나 둘 중에 하나입니다. 돈이 없는 사람은 죽을 때까지 돈 버는 일에 목을 매야 합니다. 그러나 부자들은 돈 버는 기계를 돌아가게 해놓고 자신은 원하는 것을 하면서 인생을 즐기면서 살아갑니다.

돈은 우리에게 두 가지를 줍니다.

첫째, 돈은 자유를 줍니다. 돈이 있으면 남에게 의존하지 않아도 됩니다. 돈이 있으면 원하는 것을 살 수 있고, 원하는 시간에 일 할 수 있고,

좋아하는 일을 할 수 있고, 만나고 싶은 사람만 만날 수 있고, 베풀 수도 있습니다.

둘째, 돈은 권력을 줍니다.

A씨가 현금 5,000억 원을 갖고 있다고 가정합시다. 어느 날 여러 사람들과 저녁을 먹는 자리에서, 그가 말합니다.

"나, 이번에 영종도에 땅 좀 살려고 그래."

그 말이 떨어지자마자 그 자리에 있던 사람들은 돈을 구하느라 정신이 없습니다. 영종도가 보물섬이라도 되는 것처럼 돈을 싸 들고 영종도로 출발합니다.

이번에는 반대로 B씨가 현금 5,000원을 갖고 있다고 가정합시다. 역시 어느 날 저녁 자리에서 말합니다.

"나, 이번에 영종도에 땅 좀 살려고 그래."

다른 사람의 반응이 어떨까요?

"웃기고 있네."

A씨와 B씨의 말에 대한 반응이 이렇게 차이가 나는 이유는 무엇일까요?

현금을 5,000억 원이나 보유한 A씨가 갑자기 영종도에 땅을 산다는 것은 모종의 정보를 갖고 있는 것이라고 판단하는 것입니다. B씨 말에 대응을 하지 않는 이유는 그렇게 가난한 사람은 정보가 없을 것이라고 판단해서입니다. 사람들은 부자가 투자하는 곳으로 따라가게 되어 있습니다. 부자에게 시장을 바꾸는 권력이 있는 것입니다. 이것이 돈이 주는 권력입니다.

"돈이 인생에 전부는 아니다. 돈은 중요한 것이 아니다."라고 말하는 사람들에게 속지 말아야 합니다. 그런 말을 하는 사람은 두 부류입니다. 완전한 부자거나, 완전히 가난한 사람입니다.

흔히들 돈은 돌고 돌아서 '돈'이라 부른다고들 말합니다. 하지만 사람들은 한숨을 쉬며 말합니다.

"도대체 그 놈의 돈이 어디서 돌고 있기에 내 손에는 들어오지를 않는 거야?"

흔하게 돌아다니지만 정작 내 손에는 들어오지 않는, 모든 것을 다 가질 수 있을 것 같지만 정작 살 수 없는 것이 더 많은, 사람은 인간성이 좋아야 한다고 말하지만 결국 돈 많은 사람들에게 사람이 모이게 만드는 돈. 우리를 끊임없이 고민하게 만드는 돈의 아이러니는 돈의 잘못이 아닙니다. 돈에 대해 명확한 개념이 서지 않고, 벌기만 열심히 벌었지 정작 제대로 쓸 줄은 모르는 우리의 탓입니다. 오늘도 우리는 돈 때문에 웃고, 돈 때문에 눈물을 흘립니다.

돈, 돈, 돈

우리나라 사람들이 돈에 목말라 하는 것도 무리는 아닙니다. 당장 시급한 문제인 노인문제와 저출산 문제만 보더라도 잘 이해할 수 있습니다.

우리나라는 독특한 3대 보장제도가 존재해왔었습니다. 할아버지는 아버지가, 아버지는 아들인 내가 부양하는 효를 바탕으로 한 자랑스러운 부양제도입니다. 법으로 정해놓지 않았어도 법으로 정해놓은 것보다 더 잘 지켜왔습니다, 지금까지는.

부모는 모든 것을 다 바쳐 자식을 가르치고, 그래서 나이가 들어 아무 것도 갖고 있지 않았어도 자식이 노후를 책임지니 걱정을 할 필요가 없었습니다.

하지만 지금, 한민족 5000년 역사 동안 유지되어왔던 이 구조가 깨져버린 것입니다. 자식이 부모를 부양하지 않습니다. 아니, 할 수 있는 형편이 못됩니다.

제 고향은 충청남도 태안에 있는 만리포 바닷가입니다. 그 지역에는 송宋가 집성 촌이 있어서 대대로 수십 가구의 송가들이 모여 살고 있죠. 저희 친척 중에 한 집은 형제가 12명입니다. 첫째 아들이 낳은 큰딸과 어머님이 낳은 막내 아들이 같은 또래입니다. 작은 아버지와 같이 태어난 셈이죠. 지금은 상상도 못하지만 옛날에는 시어머니와 며느리가 출산을 같이 했습니다. 제가 태어날 때 가임 여성 1인당 출산이 5.6명이었습니다. 그런데 지금은 1.08명입니다. 저출산율이 세계최고입니다. 우리는 무엇이든 했다 하면 세계최고입니다.

그 이유가 무엇일까요? 왜 아이를 낳지 않을까요? 바로 돈이 없어서입니다. 부양할 수 없기 때문에 아이를 낳지 않는 것입니다.

경제악화와 실업으로 인한 가족의 해체가 급격하게 진행되고 있습니다. 돈이 없어 자식을 낳지도 못하는 상황인데 부모인들 부양할 수가 있을까요? 결국 부양 받지 못한 부모는 순식간에 극빈층으로 전락하게 마련입니다. 그런 현상들이 일어나면서 '노인 자살'이 증가하고 있습니다.

부양 받지 못한 61세 이상 연령층 자살자 추이(치안정책연구소)는 20년 사이에 무려 300퍼센트나 증가했습니다. 75세 이상 자살 사망 사례가 OECD 국가들의 약 8.3배입니다. 대부분 자식들에게 폐를 끼치지 않으려는 '부모의 심정'으로 자살을 시도한 것이라서 더욱 가슴이 저려옵니다.

나이가 들고 노인이 되면서 정해진 수순을 밟는 것이 은퇴입니다. 일

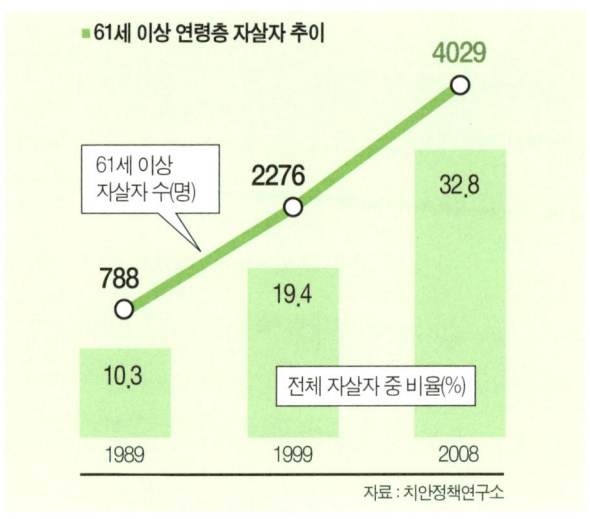

반적으로 은퇴는 일생에 한 번 하는 것이라고 생각하지만 그것은 오해입니다. 사실은 은퇴는 두 번에 걸쳐 일어납니다.

첫 번째 은퇴는 금전적 은퇴입니다. 옆 페이지의 표에 나타나듯이 수입커브가 지출커브를 역전할 때 일어납니다.

일반적인 가정에서 부모가 40대 후반일 때 자녀들이 대학에 진학합니다. 이때부터 집중 지출기간이 시작됩니다. 부모들은 이때까지는 먹을 것 못 먹고, 입을 것 못 입으면서 악착같이 자녀를 부양합니다. 자녀 교육비로만 1인당 2억 6천만 원, 결혼비용으로만 2억 원이 필요합니다. 부모는 어떻게든 그것들을 마련해보려고 노력하면서 정작 가장 중요한 자신의 노후는 미처 준비하지 못합니다. 이것이 불행의 시작입니다.

두 번째 은퇴는 직업적인 은퇴입니다. 이것이 우리가 흔히 알고 있는

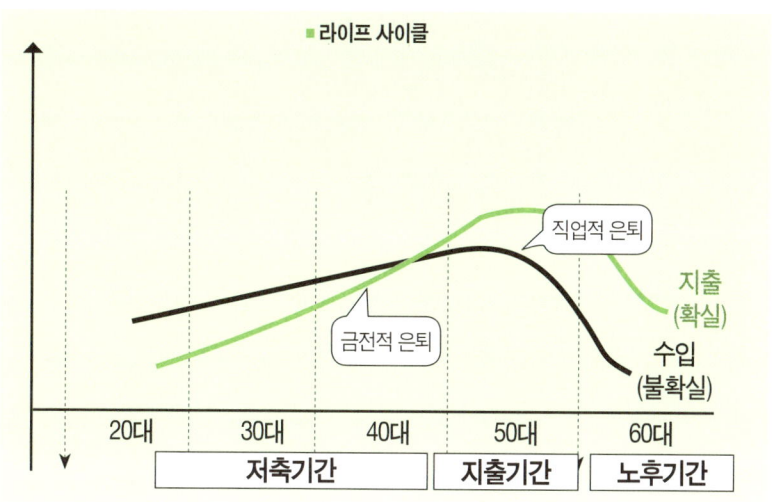

은퇴입니다. 그래프를 통해 알 수 있듯이 돈을 벌 수 있는 시간은 지출커브가 수입커브를 역전하기 전인 40대 후반 정도까지만 가능합니다. 아이들이 대학까지 마쳤으니 이제 노후준비나 좀 해볼까 하는 순간, 직장에서 밀려나는 것입니다.

조선일보와 서울대가 조사(2010.12.13)한 자료에 의하면 베이비부머 1세대인 55년생(55세)의 총자산은 2억9천6백만 원인데, 80세까지 생활하려면 6억3천4백만 원, 90세까지 생활하려면 8억8천8백만 원, 100세까지 생활하려면 11억4천2백만 원이 소요됩니다. 그런데 2억9천6백만 원으로 생존 가능한 기간은 67세까지입니다. 준비되지 않은 사람이 오래 사는 것은 이제 축복이 아니라 재앙이 된 셈입니다.

이런 상황이니 우리나라의 사람들이 돈이 인생에 있어 행복의 필수

조건이라 여기면서 돈 많은 사람은 도둑놈이라고 여기는, 돈 많은 도둑놈이 장래희망인 이중적인 사람들이 돼버린 것입니다.

   돈도 못 벌고, 자식도 못 낳고, 부모도 부양할 수 없는 이 악순환의 고리를 끊어버릴 방법은 정말 없는 걸까요?

돈 버는 방법을 학습하라

어떻게 해야 돈의 수렁에 빠진 우리를 구할 수 있을까요? 답은 정해져 있습니다. 돈을 명확하게 이해하고, 돈에 영향을 받지 않고 살아야 합니다. 내가 돈을 위해 움직이는 것이 아니라, 돈이 나를 위해 움직이도록 만들어야 합니다. 그러기 위해서는 우선 돈을 벌어야 합니다. 돈이 행복을 보장하지는 않지만, 돈 없는 행복은 있을 수 없습니다. 돈이 이렇게 인생에서 중요한 위치를 차지하는데도 우리는 돈에 대해서 학습할 기회가 없었습니다.

2010년 11월 24일자 서울신문에 돈에 관한 재미있는 기사가 실렸습니다.

남다른 사업 수완으로 벌써 10억 원 이상의 자산가가 된 9세 사업 천재소년이 캐나다에 등장했다. 안정된 투자와 과감한 도전정신으로 '작은 사업가Tiny Trump'란 별명을 얻은 주인공은 캐나다 온타리오에 사는 라이언 로스. 또래 초등학생처럼 앳된 외모를 가졌지만 로스는 올해로 사업 6년째를 맞는 어엿한 사업가다.

로스는 3세 때 집에 있는 닭들을 돌보며 얻은 달걀을 교회와 지역장터에 팔면서 처음 돈을 만졌다. 당시 닭들은 하루 48개씩 알을 낳았는데, 이를 모두 팔면 한 달에 330캐나다 달러(37만 원)이 남았다.

이 돈을 차곡차곡 모은 로스는 아예 다른 서비스 사업을 시작했다. 이웃집 마당의 눈을 치우거나 잔디를 깎아주는 대가로 시간당 20달러(2만 2천 원)씩을 받은 것. 효율적으로 운영하기 위해서 덩치 큰 형들을 고용해 이윤을 남겼다.

2년 간 여러 사업으로 돈을 번 로스는 어머니의 도움을 받아 캐나다 지역 부동산에 투자했다. 당시 그의 나이는 5세. 로스는 온타리오와 브리티시 컬럼비아에 있는 아파트 6채를 사들여 현재 자산은 100만 달러(11억 원)에 육박하는 것으로 전해졌다.

로스는 "사업 아이디어는 내가 생각하지만 구체적인 계획은 부모님과 상의한다."면서 "사람들이 나에게 작은 사업가라고 말하면 기분이 좋다." 고 말했다.

밝은 성격으로 하키를 즐겨 하는 로스는 학교를 다니지 않고 홈 스쿨링을 하고 있다. 프리랜서 메이크업 아티스트인 어머니와 교사인 아버지는 로스의 교육과 사업 등을 전반적으로 도와주고 있다. 경제 관련 강연회에 종종 연사로 초청되는 로스는 "왜 도전을 두려워하는가? 우리가 돈을 버는 것을 방해하는 것은 아무것도 없다." 고 자신의 경영 마인드를 설명하기도 했다.

위의 기사에서도 알 수 있듯이 자녀가 어렸을 때부터 직업과 돈에 대한 학습을 시키는 것이 필요합니다.

우선 자녀들에게 돈의 중요성을 가르쳐야 합니다. 저는 제가 가르치는 학생들에게 다양한 리포트를 내주면서 다양한 방면에 대해 생각해 볼 기회를 줍니다. 그 중의 하나가 돈의 가치를 인식시켜주는 〈1만 원으로 부자 되기〉라는 리포트입니다.

5~10명을 한 팀으로 나누어서 팀 별로 종자돈을 1만 원씩 지급합니다. 그리고 1주일 동안 시간을 주고 종자돈 1만 원으로 재투자를 해서 얼마를 벌어올 수 있는지에 대한 게임을 하는 것입니다.

게임의 법칙

- 팀원이 공동으로 아이디어를 짜고 활동해야 한다.
- 팀원 전원이 참여한다.
- 최대의 수익을 올린다.
- 20개 이상의 아이디어, 참여, 수익금액에 따라 높은 점수를 받는다.
- 활동이 끝나면 다음 주 강의 시간에 팀 별로 슬라이드를 만들어서 발표한다.
- 사행성 게임, 교수님 대상 판매 금지, 사회적인 정서에 반하는 게임은 허용하지 않는다.
- 활동이 끝나면 원금은 반환한다.
- 수익금은 팀원과의 합의 하에 사용한다.

학생들은 팀 별로 다양한 아이디어를 냅니다. 다음은 인천재능대학교 호텔외식조리과 〈김기청 학생조〉가 발표한 내용입니다.

저희 조는 1주일 동안 할 수 있는 비즈니스를 생각해보았습니다. 수요가 지속적이고 소모적인 상품이 무엇이 있을까 하고 생각해보던 중! 옳커니, 이거다! 싶던 것이 바로 산에서 마실 것을 파는 것이었습니다. 장소는 인근의 등산객이 많은 계양산을 선택했습니다. 등산객들의 평균 연령을 고려해서 준비한 것은 막걸리와 몸에 좋은 홍초였습니다.

수업이 늦게 끝나는 수요일과 금요일은 피하고, 목요일 날 실행에 옮겼습니다. 단돈 1만 원으로 살 수 있는 물품이라고는 막걸리 2병, 홍초 1병, 종이컵 한 줄이 전부였습니다. 그렇게 사 들고 정상에 올라가 직접 제작한 플랫카드를 들고 홍보와 동시에 판매를 시작했습니다.

가격은 막걸리 한 잔에 2,000원, 홍초는 1,500원.

10명이 발벗고 뛰어 친절하게 서비스한 결과, 총 판매액 29,500원이라는 성과를 이룰 수 있었습니다.

피크인 주말엔 더 적극적인 판매에 돌입했습니다. 등산객이 많아서 재료가 다 떨어져 다시 재료를 구매한 후 판매해야 할 정도였습니다. 그렇게 장사하길 3일! 일요일 저녁 6시를 기점으로 막걸리 판매를 마감하고 하산하였습니다.

저희가 주3일 동안 번 돈은 통합 126,000원! 그야말로 쾌거가 아닐 수 없습니다.

처음 이 게임을 시작하면서 반신반의 했습니다. 아르바이트를 해서 월급을 받는 것이 아니라 장사를 해서 돈을 벌 수 있을까?

하지만 결과는 성공적이었습니다. 이 프로젝트를 하면서 느낀 것은 부

모님에 대한 감사와 돈에 대한 인식이었습니다.

정말 부모님께서 우리를 위해서 많이 힘드셨구나, 정말 힘들게 돈 벌고 계시는구나 하는 생각이 많이 들었습니다. 더불어 아버지에 대한 인식도 바뀌었습니다. 무섭고 말도 없으시고, 일찍 출근하셨다 늦게 들어오시는 것에 늘 불만을 가졌었는데, 그렇게 하지 않으시면 화장실 휴지 하나도 살 수가 없다는 것을 느꼈습니다. 새삼 아버지가 존경스러워졌습니다.

그리고 이 무서운 세상을 살아가려면 많은 노력을 하고 또 해야 살아갈 힘을 키울 수 있다는 생각이 들었습니다. 용돈으로 받은 돈은 쉽게 써버리곤 하였지만, 직접 노력해서 번 돈인 만큼 한번 더 생각하고 지갑을 열게 되었습니다. 이제 정말 어른이 되어가고 있다는 것을 느끼게 된 좋은 프로젝트였습니다.

〈1만 원으로 부자 되기〉 게임에 참여한 학생들이 공통적으로 느낀 것들을 점을 요약하면 다음과 같습니다.

- 힘든 것도 있었고 창피하기도 했지만 자신감이 더 생겼다.
- 돈을 버는 재미가 쏠쏠했다.
- 돈을 쓸 줄 만 알았지 돈을 번다는 것이 이렇게 어려운지 몰랐다.
- 직접 아이디어를 내고, 실행에 옮기기까지 많은 시행착오가 있었다. 물품구입을 위해 발품을 팔아야 했고, 만들기 위해 노동이 필요했다.
- 이번 경험으로 돈을 소중히 여겨야겠다는 것을 느꼈다.

리포트 발표 마지막 시간은 자신의 소감을 부모님께 문자 메시지로 보내는 것으로 마무리 합니다.

'〈1만 원으로 부자 되기〉라는 과제를 했는데요, 돈 버는 일이 얼마나 힘든지 알게 됐어요. 가족을 위해 고생하시는 엄마, 아빠가 자랑스러워요. 사랑해요.'

대부분의 학생들이 프로젝트를 통해 얻은 수익금을 기부하고 싶어했습니다.

"어렵게 번 돈이라 좀더 가치 있는 일에 쓰고 싶습니다."

그렇게 학생들은 돈을 어떻게 버는지, 어떻게 써야 하는지 학습하게 됩니다.

토머스 스탠리가 미국인의 3.4퍼센트에 해당하는 백만장자 중 1,000명을 대상으로 20여 년 간 연구한 결과를 토대로 책을 펴냈습니다. 그가 1996년 발행한 『백만장자의 특징』에 나온 미국 백만장자들의 특징은 다음과 같습니다.

　거액의 유산을 받아 백만장자가 된 사람은 극히 드물었습니다. 백만장자 중의 80퍼센트는 고등교육을 받았거나 특별히 머리가 좋은 사람이 아니었습니다. 저축을 생활화하고 지출을 줄이고, 검소하게 입고 소박한 음식을 먹었습니다. 대부분 평범한 업종, 구체적으로는 용접공, 경매인, 고물상인, 이동식 화장실 임대인, 세탁소, 디젤 엔진 수리공, 도로 포장과 같은 평범한 분야에서 투철한 직업 정신으로 경제적 소득을 실현한 사람들이었습니다. 백만장자들은 사소해 보이는 일 속에서 용기와 신념으로 기회를 일구어낸 것입니다.

　돈이 당신의 삶을 당신의 의지와 관계없이 이리저리 흔들지 못하게 해야 합니다. 그것은 돈에 관한 통제권을 당신이 갖고 있을 때만 가능합니다. 돈의 진정한 가치를 파악하고 활용하는 사람만이 돈이 주는 자유와 권력을 누릴 수 있습니다.

사장의 마인드로 무장하라

저는 직장인을 2종류로 구분합니다. 거지형 직장인과 사장형 직장인입니다.

거지형 직장인은 월급 받는 만큼만 일하려고 생각합니다. 대충 일하고, 툭하면 인터넷 서핑하고, 커피 마시면서 시간을 때웁니다. 이런 사람은 월급 받는 만큼 일하는 사람이 아닙니다. 회사의 입장에서 보면 거지 같은 사람입니다.

월급이 100원이면 다른 사람이 일해서 이 사람에게 30원을 주는 셈입니다. 거지형 직장인들은 그것을 즐깁니다. 이런 사람은 한 조직에 오래 있지 못합니다. 주변의 눈총이 따갑기 때문입니다. 회사를 새로 옮겨봐야 마찬가지입니다.

그러다가 결국 회사가 자기를 알아주지 않는다고 투덜대며 창업을 하는데 이런 사람은 몇 개월 안에 사업을 접을 수밖에 없습니다. 직장에

다닐 때 이미 거지 근성을 키웠기 때문에 망할 수 밖에 없지요. 퇴직금과 대출금, 사채까지 빌려서 투자를 하고 사업을 시작했지만 망하는 것은 시간문제입니다. .

사장형 직장인은 남보다 항상 손해 본다고 생각하고 일합니다. 남보다 더 열심히 일하고 항상 웃으면서 사람을 대합니다. 이런 사람은 회사 생활에서 승진도 빠르지만, 창업을 해도 성공 가능성이 높습니다. 직장 생활할 때부터 이미 충분하게 사장 연습을 했기 때문입니다. 거지가 되느냐, 사장이 되느냐는 이미 직장생활에서 판가름나는 것입니다.

당신도 부자가 되고 성공하고 싶다면, 회사가 더 많은 돈을 벌게 해줘야 합니다. 그러면 당신은 회사에서 없어서는 안 될 사람이 될 것입니다. 스스로 더 많이 책임지고, 더 많은 노력을 기울이다 보면 당신은 두 개의 선물을 받게 될 것입니다.

첫째, 연봉이 올라갈 것입니다.

둘째, 돈 버는 방법을 학습하는 기회를 가질 수 있습니다.

연봉이 올라가지 않더라도 당신은 돈 버는 방법, 성공하는 연습을 했기 때문에 그깟 연봉쯤 올려주지 않았다고 서운해할 필요도 없습니다.

부자들은 늘 그래왔습니다. 남들보다 더 열심히, 더 많은 시간을 일해 왔습니다. 돈은 그 다음에 따라오는 부산물이라는 것을 부자들은 잘 알고 있습니다. 그렇지 않으면 당신은 회사의 노예가 될 것입니다. 사장의 마인드로 무장해서 회사 생활을 한다면 승진은 물론 부자가 될 수 있습니다.

'하루 종일 일하는 사람은 돈 벌 시간이 없다.' 록펠러의 말입니다. 오로지 일만 해서는 돈을 벌 수 없다는 것을 교묘히 표현한 말입니다. 자신에게 주어진 일만 하면 그뿐이라고 생각하고 다른 일은 돌보지 않거나 자기개발에 힘쓰지 않으면 돈을 벌 수 없습니다. 그저 간신히 먹고 사는 정도일 것입니다. 돈을 벌고 싶다면, 사람을 벌고, 기회를 벌어야 합니다. 오로지 일만으로 돈을 벌었던 시대는 이미 지났습니다. 밭을 갈고, 씨를 뿌려 먹고 살았던 시대가 아니니까요. 당신이 거지형 직장인을 선택할지, 사장형 직장인을 선택할지 묻지 않겠습니다. 당신의 대답이 어떨지 100퍼센트 확신하니까요.

창의력은 돈이다

빌 게이츠가 직원을 채용할 때 가장 중시했던 것은 학력이 아닙니다. 바로 창의력입니다. 선발된 직원에게는 최고의 근무환경을 제공해주고 능력에 맞는 스톡옵션도 제공합니다. 직원들은 일반 직장인의 두 배에 해당하는 주당 80시간씩 일하는 격무에 시달리지만 불평 한 마디 하지 않고 매우 즐겁게 일합니다. 마이크로 소프트사에 입사한 사람들 중 2천 명 이상이 2년 만에 백만장자가 됩니다.

창의력이 핵심입니다. 기업이나 개인도 마찬가지로 지속적이고 혁신적인 아이디어를 발굴하는 것만이 살 길입니다.

『초우량 기업의 조건』의 저자 톰 피터스는 자신이 책에서 초우량 기업으로 지목했던 43개 기업 중 2/3가 망하거나 별볼일 없는 회사로 전락하는 데 5년밖에 걸리지 않는다고 말했습니다. 충격적인 일이 아닐 수 없습니다.

실제로 '스텐더드&푸어스 500'에 속한 기업의 평균 존속기간을 보면 1920년대에는 50년, 1980년대 25년, 현재는 10여 년으로 단축되고 있습니다.

왜 이런 현상이 일어날까요?

미루어 짐작할 수 있듯이 타성에 젖어서 변화에 대응하지 못했고 경영상에도 심각한 오류가 있었기 때문입니다. 가장 큰 이유, 바로 창의력의 부재였습니다. 새로운 아이디어를 찾아내서 접목해야 하는 혁신 사이클이 너무 짧아졌기 때문에 기업의 수명도 덩달아 줄어들 수밖에 없었던 것입니다.

과거에는 재벌 그룹이 만들어지는 데 30년, 망하는 데 30년이 소요되었습니다. 그런데 요즘은 벤처기업이 코스닥 10등 안에 들어가는 데 3년이면 충분합니다. 그렇다면 그 기업이 망하는 데는 얼마나 소요될까요? 5분이면 충분합니다. 3년 안에 코스닥 10등 안에 들어갔다는 것은 세계최고 수준의 기술을 갖고 있다는 뜻인데, 경쟁사가 그 기술을 월등하게 초월하는 기술을 개발했다는 사실이 전 세계에 알려지는 데는 5분밖에 소요되지 않습니다.

'시가총액 2,000억 달러, 선택과 집중의 모범사례, 끊임없는 사업구조 변신의 귀재'.

이것이 몇 년 전까지만 해도 노키아에 따라 붙던 수식어였습니다. 그러나 불과 몇 년 만에 노키아는 위기의 대명사로 불리고 있습니다. 2000

년도까지만 해도 노키아의 시가총액은 애플보다 40배가 많지만, 현재 애플의 기업가치는 노키아의 10배 이상입니다. 스마트 폰이 시장의 판도를 바꾼 것입니다.

그러나 스마트 폰은 애플이 먼저 선점한 것이 아니었습니다. 아이폰 출시 시점인 2007년만 해도 노키아의 스마트 폰 시장점유율은 40퍼센트에 육박했습니다. 노키아는 하드웨어 기업이지만 Symbian이라는 운영체제와 Ovi(필란드어로 door)라는 모바일 플랫폼 서비스를 선도적으로 도입한 기업이기도 합니다. 노키아는 결코 폐쇄적이지 않았고, 하드웨어를 고집하지도 않았으며 스마트 폰에 대한 대응이 늦지도 않았습니다.

그렇다면 무엇이 문제였을까요?

성공한 기업이 늘 그래왔듯이 노키아의 위기는 세계 1위라는 성공에 도취된 자만심과 지금까지 잘 해왔기 때문에 큰 변화는 필요 없다는 태도 때문이었습니다. 고객의 욕구는 수시로 변하기 때문에 혁신적인 창의력은 기업생존의 필수요소입니다.

창의력만이 살 길인 것은 기업들뿐만이 아닙니다. 취업에 어려움을 겪고 있는 청년들이나 사업에 실패한 사람들에게도 창의력은 현재의 좌절과 실패를 성공으로 탈바꿈시켜줄 가장 큰 무기입니다.

우리는 지금 '상상이 현실'이 되는 시대에 살고 있습니다. 누군가의 기발한 아이디어가 같은 시대를 살고 있는 사람들에게는 높은 삶의 질을, 미래에 살게 될 우리의 아이들에게는 더 나은 삶을 살아갈 수 있도록 하는 발판이 되어주고 있는 것입니다.

'말도 안 되는 일'이 '말도 안 되는' 성공을 가져다주는 경우를 우리는 종종 보게 됩니다. 남들과 같은 생각만 가지고는 남들만도 못하게 살 수도 있습니다. 창의력이 별 겁니까. 사물을 보는 다른 시각, 고정관념을 깬 새로운 시도가 바로 창의력입니다.

스스로 주차를 하는 차, 튀겨 먹는 아이스크림, 물 위를 달리는 자동차 등 마치 미취학 아동들의 상상 같은 이런 일들이 실제로 벌어지고 있습니다.

당신의 상상력에 날개를 달아보세요. 상상력이 당신에게 황금날개를 달아줄 것입니다.

저축이 부자를 만든다

〈부자의 5가지 비밀〉이라는 주제로 강의할 때, 강의를 시작하기 전에 구체적인 현금목표를 갖고 있는지, 그 목표가 달성되는 날짜를 적어서 갖고 있는지를 청중들에게 질문합니다. 이 질문에 자신있게 응답하는 비율은 1퍼센트 내외입니다.

그저 '돈이야 많으면 좋지요'라는 막연한 대답들만 할 뿐 구체적인 계획이나 갖고 싶은 액수조차도 생각해본 적이 없다고 합니다. 부자가 되고 싶은 사람은 많은데, 정작 돈을 언제까지 얼마만큼을 벌고 싶다는 구체적인 계획을 세우는 사람은 드뭅니다. 치밀하게 계획을 짜도 돈을 벌기 어려운 세상에 구체적인 계획 없이 부자가 된다는 것은 참 어려운 이야기입니다.

그래서 저는 즉석에서 펜과 종이를 꺼내 적으라고 합니다.

현금목표 : 20억 원.

달성날짜 : 20년 후 자신의 생일날.

20억 원의 근거는 현재 55세를 기준으로 100세까지 생활하는 데 소요되는 금액이 1,142백만 원이기 때문에 은퇴를 20년 후로 계산하고, 인플레이션을 가정하면 최소한 20억 원의 현금이 있어야 안정적인 노후가 가능하기 때문입니다.

제가 적으라고 하니 마지못해 적기는 하지만 '20억 원'을 벌 수 있다고 믿는 사람은 10퍼센트도 안됩니다.

그러나 강의가 끝날 때 다시 한번 질문을 하면 청중의 95퍼센트 이상이 '20억 원 벌기'가 가능하다고 씩씩한 목소리로 대답합니다.

20억 원이라는 목표가 생기면 사람들은 스스로 계획을 세우기 시작합니다. 목표가 생기면 생각이 바뀌고 생각이 바뀌면 행동도 바뀝니다.

다음과 같은 설정을 해봅시다.

크리스마스 시즌에 여고 동창들과 오랜만에 모였습니다. 이런저런 수다를 떨다가 우르르 백화점에 몰려갑니다. 어떤 친구가 최근 모 여배우가 들고 다녀서 유명해진 명품 가방을 선뜻 구매합니다. 옆에 있는 친구도 따라서 다른 명품 가방을 구매합니다.

'쟤는 고등학교 때 나보다 공부도 못하고, 사는 게 나하고는 비교도 안 됐던 친구인데 나도 질 수 없지.'

순간 지름신이 강림합니다. 자신도 모르게 명품 가방을 삽니다. 친구들에게 뒤지지 않았다는 생각에 행복한 기분이 듭니다.

그런데 친구들과 헤어져 집으로 돌아오는 순간 후회가 파도처럼 밀려옵니다. 남편 직장도 위태위태하고, 아이의 등록금 낼 날짜도 다가오는데 이게 무슨 미친 짓인가 죄 없는 명품 가방만 흘겨봅니다.

그녀에게 왜 지름신이 강림했을까요?

질러야 행복하기 때문입니다. 그러나 지르지 않아도 행복할 수 있는 방법이 있습니다. 바로 목표를 갖는 것입니다. 당신에게 20억 원 달성의 목표가 있다면 친구들이 명품 가방을 살 때 함께 사지 않더라도 행복합니다.

'그래, 많이 사라. 나는 그 돈을 20억 원 만들기 프로젝트에 보탤 거다.'

명품 가방의 행복이 클까요, 20억 원의 행복이 더 클까요? 명품 가방은 20억 원의 행복에 비교할 바가 아닙니다. 이것이 바로 부자들이 남루한 옷을 입고, 거친 음식을 먹어도 행복한 이유입니다.

부자와 가난한 사람이 점심을 먹으면 밥값을 누가 낼까요? 부자일까요? 아닙니다. 부자는 절대로 이유 없는 밥을 사지 않습니다. 그 밥값은 가난한 사람이 내게 되어 있습니다. 그래서 부자는 부자로 살고, 가난한 사람은 계속 가난하게 사는 것입니다.

당신이 직장에서 물러나야 할 55세라고 가정해봅시다. 지금으로부터 35년 전인 20세부터 매월 200,000원씩 저축했고 여기에 12퍼센트의 이자가 붙는다고 가정하면 당신은 현재 1,049,570,000원을 갖게 됩니다.

30세부터 시작했다면 매월 1,200,000원을 저축해야만 1,049,570,000원을 가질 수 있습니다. 시간은 10년이지만, 금액은 무려 6배나 차이가 나는 돈입니다.

저축은 일찍 시작할수록 그 묘미를 맛볼 수 있습니다. 수입이 부자를 만드는 것이 아닙니다. 저축이 부자를 만듭니다. 아무리 많은 돈을 벌어도 저축하지 않으면 결코 부자가 되지 못합니다.

보도셰퍼는 〈돈〉이라는 책에서 복리를 계산하는 '72법칙'을 주장하였습니다. 72법칙이란 투자 원금이 두 배가 되는 데 걸리는 시간이 얼마인지를 간단하게 계산하는 방식입니다.

72 ÷ 이자율 = 자본이 두 배가 되는 데 걸리는 햇수

다시 말해 72를 수익률로 나눈 값이 원금의 두 배가 되는 시간이 된다는 것입니다. 예를 들면 100만 원을 투자하여 원리금이 당초 투자한 금액의 2배를 넘어서는 데 필요한 기간은 수익률이 연 4퍼센트일 경우에는 약 18년, 10퍼센트 일 경우는 약 7년, 15퍼센트 일 경우에는 약 5년 정도 소요된다는 것입니다. 그리고 재무설계 및 재무, 재정 계획을 세울 경우 72를 희망기간으로 나누면 그 기간 내에 원금이 2배가 되는 데 필요한 수익률을 계산할 수 있습니다.

오늘 출근할 때, 당신은 즐비하게 서 있는 멋진 빌딩들을 보았을 것입니다. 그 많은 건물에는 모두 주인이 있습니다. 수십 억, 수백 억, 수천 억씩 하는 그 건물은 그들이 모두 부모로부터 물려받은 것들이 아닙

니다. 그들 중 90퍼센트 이상은 자수성가한 사람들입니다. 그 사람들은 남들이 먹고 쓸 때 쓰지 않았고, 남들이 잘 때 자지 않고 일했으며, 오롯하게 저축을 통해 목돈을 만든 사람들입니다.

이 세상에 기왕 태어난 것, 수백 억, 수천 억의 부자는 못 된다 하더라도 20억 원 정도는 벌어봐야 하지 않겠습니까? 저축만이 그 일을 가능하게 할 것입니다.

당신의 돈을 맡겨놓은 은행이 당신의 돈을 키우기 위해 함께 노력할 것입니다. 돈 모으는 맛을 느낄 수 있다면 당신도 부자가 될 수 있습니다.

부채청산 7원칙

우리나라 국민들의 대부분은 빚을 지고 있습니다. 대학생들의 대부분이 학자금 대출로 인해 빚을 지고 있는 정도이니 더 말할 필요도 없겠지요.

열심히 벌어도 빚은 늘어만 가고, 그래서 급기야 삶을 포기하는 사람들도 늘고 있습니다. 하지만 갚지 못할 정도의 빚은 없습니다. 빚이라는 것은 자신의 상황에 맞게 생기게 마련이고, 현명하게 노력한다면 극단적인 선택을 할 필요도, 이유도 없을 것입니다.

그러면 어떻게 빚을 갚아나가야 할까요? 그 요령을 7가지로 정리해 봤습니다.

① 채권자와 터놓고 대화하라

단골손님을 잃고 싶으면 외상을 주고, 친구를 잃고 싶으면 돈을 빌려

줘라'라는 말이 있습니다. 빚을 지고 그 빚을 갚지 못하면 상대를 피하게 되는 것은 인지상정입니다. 단골집에 가기를 꺼려하고, 친구 만나기를 꺼려합니다. 그래서 돈도 잃고 사람도 잃는 억장이 무너지는 경우가 생기는 것입니다.

당신이 채무자라면 오늘 당장 채권자를 찾아가서 당신의 현재 상황, 앞으로의 상환 계획을 솔직하게 이야기하세요. 끝까지 잃지 말아야 하는 것은 돈이 아니라, 신뢰입니다. 당신의 진술한 이야기가 통하지 않으면 내일도, 모레도 찾아가서 이야기하세요. 당신의 진심이 통한다면 그 채권자는 당신의 상환 약속을 믿고 기다려주는 것은 물론이고, 당신에게 또 다른 투자를 할 수 있는 사람으로 바뀔 수 있습니다.

② 벌어서 상환할 수 있는 금액의 절반을 상환상한금액으로 제시하라.

채권자는 이미 당신에 대한 신뢰에 금이 간 상태입니다. 이성적으로는 당신이 현재 상황에 대하여 이해한다고 하지만, 심정적으로는 당신을 신뢰하지 못합니다. 이때 섣부른 약속을 하고 지키지 못하면 돌이킬 수 없는 실수를 저지르는 것입니다. 돈의 문제가 아니라 감정의 문제로 치닫게 됩니다. 그래서 약속을 지키는 것이 매우 중요합니다.

생각 같아서야 당신의 수입을 모두 채권자에게 지불하고 자유롭고 싶겠지만 그것은 감정이 앞선 결정입니다.

지금부터 당신이 상환할 수 있는 금액의 50퍼센트를 상환하겠다고 약속하세요. 그 약속마저 지키지 못한다면 당신은 채권자로부터 이해

받기 힘들 것입니다. 그리고 나머지 50퍼센트는 저축을 해서 종자돈을 키우는 데 투자하세요. 어떠한 경우에도 저축을 멈춰서는 안됩니다.

③ 지출을 결정할 때 세 번만 생각하라.

돈을 써야 하는 상황이 오면 '이 돈을 정말 써야 할까?'라고 질문하세요. 그렇게 세 번을 질문하세요. 그래도 써야 한다면 그때 지출해도 늦지 않습니다.

④ 매월 수입액과 지출액을 결정하라.

매월 목표 수입금액을 정하세요. 목표 수입금액을 달성하기 전에는 자지도 마세요. 매월 지출의 마지노선을 정하세요. 절대로 지출 마지노선을 넘기지 마세요.

⑤ 지출을 모두 기록하라.

한 달 간 지출한 것을 돌이켜보면 세 번이나 생각하고 지출했는데도 불구하고 쓸모 없는 지출이었다는 판단이 설 때가 종종 있을 것입니다.

모든 지출을 기록하세요. 그러다 보면 구체적인 목표의식 없는 일상적인 지출이 얼마나 가치 없는 것인지를 알게 될 것입니다.

⑥ 푼돈을 소중하게 여겨라.

부자들은 절대로 푼돈을 함부로 대하지 않습니다. 그러나 가난한 사람들은 푼돈을 하찮게 여깁니다.

　부자들은 천만 원, 일억 원을 목돈으로 채우는 데 총력을 다하면서 행복을 느끼지만, 가난한 사람들은 십만 원, 백만 원의 목돈을 푼돈으로 만들어서 사고 싶은 것을 사면서 행복을 느낍니다. 백만 원짜리 수표나 십만 원짜리 수표를 써보세요. 돈 쓰는 것이 얼마나 허망한지 알게 될 것입니다.

　⑦ 새로운 수입원을 창출하라.

　지출을 줄이는 데는 한계가 있습니다. 결국 문제의 답은 수입원을 창출하는 것입니다. 기존의 수입원은 그대로 두고, 새로운 수입원을 창출하세요.

부자의 조건

 부자는 자신이 하고 싶은 것을 할 수 있는 자유와 자신의 투자행동이 다른 사람의 투자기준이 되는 권력을 가질 수 있습니다.

그렇다면 부자의 기준은 무엇일까요?

지난 2012년 1월 취업 포털 사이트 잡코리아에서 직장인 700명에게 부자의 기준을 물었습니다. 현재 부자가 아닌 부자이기를 희망하는 사람들의 20퍼센트는 100억 원 정도는 있어야 부자라고 할 수 있다고 대답했습니다. 평균 45억 원 이상이었습니다. 평생 얼마나 모을 수 있을 것으로 예상하느냐는 질문에는 평균 8억 원으로 답했습니다.

연봉 정보 사이트인 페이오픈에서 직장인들에게 중산층으로 사는 데 필요한 연봉은 얼마라고 생각하느냐고 물었더니 44.8퍼센트가 '5천만 원~7천만 원'이라고 답했습니다.

그러나 실제로 부자의 기준은 달랐습니다. KB금융지주 경영연구소가 발표한 '2011 한국 부자 연구'에 따르면 대한민국 부자의 평균적인 모습은 다음과 같았습니다.

- 보유자산 : 개인 사업가로 소유한 두 채의 집값이 20억 원. 예금과 주식 등 금융자산 12억7천만 원.
- 취미 : 매일 헬스클럽에서 운동. 골프회원권 보유하고 있고 주말은 물론 주중에도 골프.
- 고민 : 어떻게 하면 세금을 적게 내고, 더 많이 벌 수 있을까?
- 자녀 : 큰 아이는 미국 대학에 유학 중이며, 고등학교 2학년 아이도 유학 고려.
- 자신이 부자라고 생각하는가 : 아니다. 적어도 지금보다 자산이 두 배는 불어나야 진정한 부자라고 생각.
- 기부나 사회환원 관심 있는가 : 별로 고려하지 않는다. 재산증식과 자식에게 증여에 더 관심을 갖고 있다.

자산이 30억 원이 넘는 실제 부자들을 분석한 결과 자산이 30억 원이 넘는데도 4명 중 3명은 자신을 부자라 생각하지 않았습니다. 최소 50억 원은 필요하다고 했습니다. 대부분의 부자들은 자신을 부자라고 생각하지 않으며, 현재 자신이 갖고 있는 자산의 2배는 가져야 부자라고 생각합니다. 결국 부자의 일반적인 기준은 부동산 20억 원, 현금 자산 12

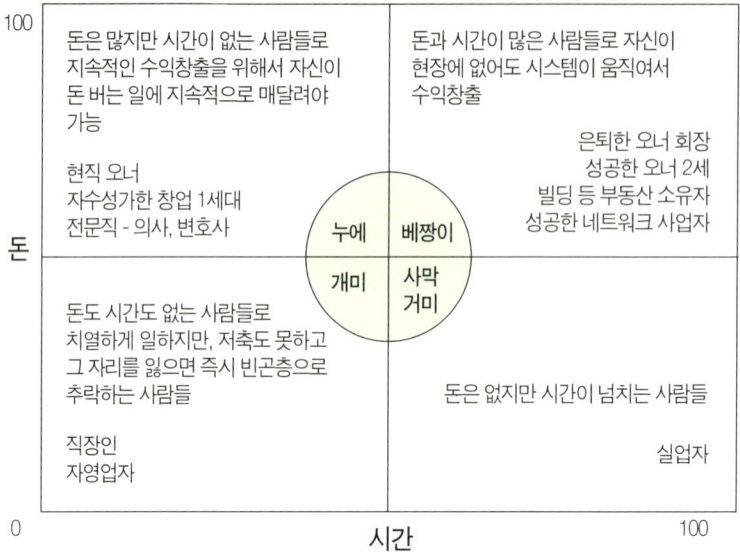

억 7천만 원을 가진 사람을 말합니다.

부자와 보통사람을 '돈과 시간'을 기준으로 분석해보면 그림과 같이 누에, 개미, 사막거미, 베짱이 등 4가지 영역으로 나눌 수 있습니다.

- 누에 : 돈은 많지만 시간이 없는 사람들로 지속적인 수익창출을 위해서는 돈 버는 현장에서 돈 버는 일에 매달려야 합니다. 현직 사장, 자수성가 1세대, 의사, 변호사 등 전문직입니다.

- 개미 : 돈도 없고 시간도 없는 사람들로 치열하게 일하지만 저축도 못하고, 그 자리를 잃으면 빈곤층으로 추락하는 사람들입니다. 대부분의 직장인과 자영업자입니다.

- 사막거미 : 돈은 없지만 시간은 넘치는 사람들입니다. 실업자들입

니다.
- 베짱이 : 돈도 시간도 많은 사람들로 자신이 현장에 없어도 시스템이 움직여서 수익을 창출하는 구조입니다. 은퇴한 사장, 빌딩 등 부동산 소유자, 성공한 창업 2세대, 성공한 네트워크사업자입니다.

누에, 개미, 사막거미, 베짱이의 4영역 중 대부분 사람들이 원하는 영역은 베짱이 영역입니다. 그러나 이 영역은 아무나 속할 수 있는 영역이 아닙니다. 베짱이 영역에 속하는 기준은 다음과 같습니다.
- 30년 이상 업계수위를 유지하며 성공한 자수성가 창업 1세대 회장. 그러나 이미 고령으로 삶을 즐길만한 시간, 체력, 정신력이 소진된 상태로 그것을 누리는 것은 2세대입니다.
- 부모로부터 글로벌기업의 막대한 지분을 물려받은 오너 2세대, 부모로부터 대출금 없는 대형빌딩을 물려받은 자수성가 2세대. 이것은 다음 세대가 선택이 불가능합니다. 그런 부모를 고를 수 없기 때문입니다.
- 성공한 네트워크 사업자 – 투잡으로 출발해서 시스템이 안정화되면 본업으로 전환합니다. 이 시스템을 구축할 수만 있다면 돈은 물론 시간도 많은 베짱이 영역으로 진입이 가능합니다. 물론 극히 일부분의 네트워크사업자가 이 영역에 진입하는데, 이들은 자신의 결심으로 시작했지만 시스템을 활용한 결과로 돈과 시간이 많은 부자가 된 사람입니다.

우리는 누구나 부자가 되고 싶어하지만 현실은 그리 녹록하지 않습니다. 우리나라의 베이비 부머(1955~1963년생)는 713만 명으로 전체인구의 14.6퍼센트에 달합니다. 앞으로 베이비 부머들의 대책 없는 은퇴는 사회적으로 상당한 혼란을 갖고 올 것입니다.

과거에는 장수가 복이었지만, 앞으로는 준비되지 않은 장수는 재앙입니다. 인간의 수명은 무서운 속도로 증가했습니다. 로마시대 25세, 18세기 프랑스 혁명 34세, 1926~1930년 우리나라인 여성 35.1 남성 32.4세였습니다. 우리나라 평균수명은 1년에 6개월씩 연장돼서 2040년에는 90세를 예측하고 있습니다.

평균수명은 증가하지만 안타깝게도 조기실업을 피할 수 없습니다. 그래서 상당수가 퇴직금, 대출금을 기반으로 창업을 하는데, 식당 등 평균 자영업 창업자금은 약 2억 원 정도입니다. 이들은 자신의 전 재산을 투자하고 자신의 모든 시간을 할애해서 몰입하기 때문에 월 평균 약4~5백만 원 정도의 수익을 기대하고 시작합니다.

그러나 현실은 냉혹합니다. 우리나라 자영업자 572만 명 중에서 한 달에 100만 원도 못 버는 자영업자는 무려 57퍼센트입니다. 한 달에 1원도 벌지 못하고 매월 적자가 나는 자영업자도 무려 26.8퍼센트나 된다고 합니다. 400만 원 이상의 수입을 얻는 자영업자는 5.6퍼센트에 불과합니다.(2011년 8월 17일 조선일보)

준비되지 않은 자영업 창업은 절대금물입니다. 자영업 창업의 파산은 모든 것을 집어삼키는 인생의 블랙홀입니다. 그래서 창업을 하더라도 자신이 완벽하게 경험해본 영역, 그리고 파산하더라도 자신의 자산을 지킬 수 있는 영역을 선택해야 합니다.

워렌 버핏이 처음 주식투자에 뛰어들었을 때 그의 출자금은 고작 100달러였습니다. 하지만 3년 뒤 100만 달러를 벌었고, 10년 뒤에는 1,000만 달러, 30년 뒤에는 14억 달러를 벌었습니다.

"아주 어렸을 때부터 내 마음속에는 세계 제일의 부자가 된 나의 모습이 선명하게 자리잡고 있었습니다. 나는 내가 거부가 되리라는 사실을 의심해본 적이 단 한 순간도 없습니다."

〈워렌 버핏의 부자의 조건〉

1. 작은 돈을 아껴야 큰 돈을 번다.
2. 조기 경제 교육이 평생의 부를 결정한다.
3. 우리 집은 가난하다고 변명하지 마라.
4. 책과 신문 속에 부가 있다.
5. 본받고 싶은 부자 모델을 찾아라.
6. 부는 알리는 것이 아니라 감추는 것이다.
7. 시간을 아끼는 사람이 진짜 부자다.
8. 정직하게 번 돈은 세상에서 가장 아름답다.
9. 고기를 잡으려면 물에 들어가야 한다.
10. 많이 버는 것보다 잘 쓰는 것이 더 중요하다.
11. 남에게 관대하고 자기에게 엄격하라.

12. 솔직함보다 부유한 유산도 없다.

13. 가슴에 정열을 품으면 부는 따라온다.

14. 부자는 끈기로 무장한 사람들이다.

15. 인생의 최고의 투자는 친구이다.

16. 자신의 일을 즐기면 부는 따라온다.

17. 남들과 다른 자신만의 원칙을 세워라.

18. 젊다는 것이 가장 큰 자산이다.

제6장

삶을 이끄는
6 가 지
위대한 원리

인맥

- 진정한 인맥
- 인맥의 3가지 법칙
- 인맥 카지노를 탈출하라

진정한 인맥

프랑스의 미테랑 대통령을 11년 동안이나 보좌한 자크 아탈리 보좌관은 '관계자산 relation capital'을 키우라고 주문하면서 다음과 같이 말했습니다.

"가난이란 지금까지는 '갖지' 못한 것을 의미했으나, 앞으로는 '소속되지' 못한 것이 될 것이다. 최고의 자산은 네트워크에의 소속이다."

성공은 나 혼자 잘해서 되는 일이 아닙니다. 남이 시켜주는 것입니다. 사업성공도 내가 경영을 잘하는 것이 아니라, 구성원들의 성과를 결합한 결과물입니다. 승진도 마찬가지입니다. 내가 하는 것이 아니라 남이 시켜주는 것입니다.

행복도 마찬가지 입니다. 우리는 다른 사람들 때문에 행복해집니다. 행복은 그 동안 자신이 지지도와 사랑으로 만들어놓은 커뮤니티에서 얻을 수 있는 것입니다.

매경 이코노미&취업 포털 사이트 커리어 조사(직장인 총 767명 분석 - 2007)에 의하면 응답자의 98퍼센트가 인맥이 중요하다고 응답했지만, 어떻게 인맥을 쌓는 것인지에 대해서는 충분한 노하우가 없거나 특별하게 노력하지 않는다고 응답했습니다.

간혹 자신이 알고 있는 사람의 숫자가 많다는 것을 내놓고 자랑하는 경우를 종종 봅니다. 그러나 내가 아는 사람이 모두 나의 인맥이라는 것은 매우 순진한 발상입니다. 단순하게 아는 사람은 결코 내 인맥이 될 수 없습니다. 신뢰할 수 있는 인맥, 나를 도울 수 있는 인맥이 중요합니다.

즉, 인맥은 양의 문제가 아닌 질의 문제입니다. 많이 안다고 인맥이 좋은 것이 아닙니다. 필요한 상황에서 '나를 도와줄 사람'이 많아야 인맥이 좋은 것입니다.

"우리는 평생 3,500명의 사람과 알고 지낸다." 前 MIT 총장 이딜 드 솔라 풀이 한 말입니다. 유치원부터 직장동료까지 망라해서 3,500명과 관계를 맺고 지냅니다. 그렇다면 그 사람들이 모두 나를 도울 진짜 인맥일까요? 천만에요. 그 중에는 당신을 미워하는 사람도 있고, 당신을 믿지 못하는 사람도 있으며, 당신을 우습게 보는 사람도 있습니다. 당신이 알고 있는 모든 형태의 사람들이 3,500명 안에 있는 것입니다. 그 사람들이 모두 당신을 돕지는 않습니다. 어떤 사람은 당신의 실패를 기도하는 사람도 있을 것입니다.

'내가 고통스럽고 어려운 상황에 처하면 누가 나를 도와줄까?'

이 질문의 답은 의외로 간단합니다 상대가 나에 대해 어떻게 생각하는지를 파악하면 쉽게 답을 찾을 수 있습니다.

첫째, 나를 좋아하는 사람은 나를 돕는다.

둘째, 나를 신뢰하는 사람은 나를 돕는다.

셋째, 내게서 도움을 받을 사람은 나를 돕는다.

당신을 좋아하거나 믿지 않는 사람은 결코 당신을 돕지 않습니다. 당신의 전화번호부에 저장된 그 많은 사람이 모두 당신을 돕는 사람은 아닙니다. 그 중에 극히 일부만이 당신이 곤경에 처했을 때 당신을 도울 것입니다. 그것이 진짜 인맥입니다. 그런 인맥관리를 위한 몇 가지 지침사항이 있습니다. 수첩이나 메모장에 적어두고 수시로 읽어보면서 자신의 인맥관리를 체크해보는 것도 바람직합니다.

〈인맥관리 제대로 하기 18계명〉

1. 꺼진 불도 다시 보자.

지금 힘이 없는 사람이라고 우습게 보지 마라. 나중에 큰코 다칠 수 있다.

2. 평소에 잘해라

평소에 쌓아둔 공덕은 위기 때 빛을 발한다.

3. 네 밥값은 네가 내고 남의 밥값도 네가 내라.

기본적으로 자기 밥값은 자기가 내는 것이다. 남이 내주는 것을 당연하게 생각하지 마라.

4. 고마우면 '고맙다' 고, 미안하면 '미안하다' 고 큰 소리로 말해라.

입은 말하라고 있는 것이다. 마음으로 고맙다고 생각하는 것은 인사가 아니다. 남이 네 마음속까지 읽을 만큼 한가하지 않다.

5. 남을 도와줄 때는 화끈하게 도와줘라.

처음에 도와주다가 나중에 흐지부지하거나 조건을 달지 마라. 괜히 품만 팔고 욕 먹는다.

6. 남의 험담을 하지 마라.

그럴 시간 있으면 팔 굽혀 펴기나 해라.

7. 회사 바깥 사람들도 많이 사귀어라.

자기 회사 사람들하고만 놀면 우물 안 개구리가 된다. 그리고 회사가 너를 버리면 너는 고아가 된다.

8. 불필요한 논쟁을 하지 마라.

회사는 학교가 아니다.

9. 회삿돈이라고 함부로 쓰지 마라.

사실은 모두가 다 보고 있다. 네가 잘나갈 때는 그냥 두지만 결정적인 순간에는 그 이유로 잘린다.

10. 남의 기획을 비판하지 마라.

네가 쓴 기획서를 떠올려봐라.

11. 가능한 한 옷을 잘 입어라.

외모는 생각보다 훨씬 중요하다. 할인점 가서 열 벌 살 돈으로 좋은 옷 한 벌 사 입어라.

12. 조의금은 많이 내라.

부모를 잃은 사람은 이 세상에서 가장 가엾은 사람이다. 사람이 슬프면 조그만 일에도 예민해진다. 2, 3만 원 아끼지 마라. 나중에 다 돌아온다.

13. 수입의 1퍼센트 이상은 기부해라.

마음이 넉넉해지고 얼굴이 핀다.

14. 수위 아저씨, 청소부 아줌마에게 잘해라.

정보의 발신지이자 소문의 근원일뿐더러, 네 부모의 다른 모습이다.

15. 옛 친구들을 챙겨라.

새로운 네트워크를 만드느라 지금 가지고 있는 최고의 재산을 소홀히 하지 마라. 정말 힘들 때 누구에게 가서 울겠느냐?

16. 너 자신을 발견해라.

다른 사람들 생각하느라 너를 잃어버리지 마라. 일주일에 한 시간이라도 좋으니 혼자서 조용히 생각하는 시간을 가져라.

17. 지금 이 순간을 즐겨라.

지금 네가 살고 있는 이 순간은 나중에 네 인생의 가장 좋은 추억이다. 나중에 후회하지 않으려면 마음껏 즐거라.

18. 배우자를 사랑해라.

너를 참고 견뎌주니 얼마나 좋은 사람이냐?

인맥의 3가지 법칙

앞서 이야기한 〈인맥관리 제대로 하기 18계명〉은 쉽게 읽고 기억하기 위해 만들어놓은 일종의 행동지침입니다. 그것을 조금 더 심층적으로 살펴보면 인맥은 커다란 세가지 법칙을 가지고 있습니다.

첫째, 곱셈의 법칙입니다.

친했던 사람들이 갈라서면 앙숙처럼 지내게 되는데, 그런 얘기를 합니다.

"처음에는 간 쓸개까지 다 빼줄 듯하더니 나중에는 속내를 다 드러내는구나."

물건이나 상품을 계산할 때는 덧셈의 법칙이 통용됩니다. 사과가 상자에 100개가 들어있는데, 하나가 썩어서 버린다면 상자 안에는 99개의 사과가 있는 것입니다. 하나를 채우면 다시 한 상자가 돼서 상품으로 판매할 수 있습니다. 바로 덧셈의 법칙입니다.

100 - 1 = 99

99 + 1 = 100

그런데 인간관계는 곱셈의 법칙이 통용됩니다. 100번을 만났는데, 그 중에 1번이라도 실수하면 인간관계는 무너집니다. 99점이 아니라 '0'점이 되는 것입니다.

100 - 1 × 0 = 0

수년 전, H자동차의 요청으로 자동차 세일즈맨 교육과정을 개발했던 적이 있었습니다. 이 과정은 세일즈맨들이 2박3일 간 22시간 수강하는 과정이었습니다. 요청 내용은 '012부대'를 분석해서 '판매왕'으로 만들어 낼 수 있는 교육과정을 개발해달라는 것이었습니다.

H자동차 세일즈 현장 은어로 '판매왕'과 '012부대'라는 용어가 있었습니다. 판매왕은 이해가 됐는데 '012'부대는 이해가 되지 않았습니다. 무슨 특수부대인가 생각되어 물었더니, '일년 내내 차를 팔아봐야, 0대 또는 1대나 2대를 파는 부실한 업적의 세일즈맨'을 통칭하는 은어였습니다.

담당자에게 "내가 012부대를 판매왕으로 만들 놀라운 역량이 있다면 강의를 안 하고 차 팔지요."라고 말했던 기억이 있습니다.

아무튼 과정개발이 시작돼서 분석을 하는데도 좀처럼 결론을 찾을 수 없었습니다.

'판매왕이나 012부대 모두 열심히 판매활동을 하고 있는데 저렇게 차이가 나는 이유는 무엇일까?'

과정개발 마감일자는 점점 다가오고 뾰족한 해법을 찾지 못해 안타까워하고 있었습니다.

그래서 마지막 방법으로 판매왕과 012부대를 선정해서 그들에게 동의서를 받아달라고 요청했습니다. 동의서의 내용은 '24시간 동안 동행 취재하겠다'는 내용이었습니다. 그런데 판매왕의 동의서는 왔는데, 012부대의 동의서는 오지 않았습니다. 자신들이 얼마나 차를 못 파는지 24시간 쫓아다니면서 보겠다는데 쉽게 동의해줄 리가 없었겠죠. 동의서가 없으면 해결방법을 찾아낼 수 없다고 다시 요청서를 올렸고, 결국은 동의서를 받아 밀착 취재를 시작했습니다. 그런데 밀착취재를 하는 과정에서 놀라운 사실을 발견했습니다.

'012부대'는 차 한 대를 팔기 위해 평균 30여 회 고객과 만남을 갖습니다. 대부분 본인이 개척해서 판매활동을 시작하는데, 차를 판매하기 전까지는 '간, 쓸개 다 빼줄 듯' 하면서 자신의 전체 열정 가운데 95퍼센트를 쏟아 붓습니다. 그러고 나서 일단 차를 팔고 나면 언제 보았냐는 듯 5퍼센트만 할애해서 관리합니다. 그래서 질문했습니다.

"고객을 왜 그렇게 관리합니까? 처음과 끝이 다르잖아요?"

"교수님이 자동차 시장을 몰라서 그래요. 우리나라는 새 차를 재구매하는 데 걸리는 기간이 평균 6.7년입니다."

"그래서요?"

"6년쯤 지나서 관리하면 됩니다."

이때 고객은 완전히 배신감을 느끼게 됩니다. 그 고객은 도시락 싸들고 다니면서 '저 놈에게 절대로 차 사지 마라'고 반대활동을 개시합니다. 자동차 영업은 대부분 지역영업이기 때문에 소문은 순식간에 확장됩니다. 012부대는 또 다시 고달픈 개척활동을 시작해야 합니다.

'판매왕'은 달랐습니다. 그들은 일 년에 약 250대의 차량을 판매합니다. 휴일을 제외하고 매일 한 대씩 파는 대단한 성과입니다. 그들은 차량 한 대를 파는 데 고객과 평균 3회 만납니다. 소개받을 때, 계약서 작성할 때, 차량 인도할 때.

판매왕이 012부대와 다른 점은 열정의 배분이었습니다. 판매왕은 판매 전에 자신의 열정을 50퍼센트 할애합니다. 그리고 판매가 끝난 후에도 전과 동일하게 열정의 50퍼센트 할애하고 관리합니다. 처음과 끝이 같은 것이죠. 소개로 차량을 구매한 고객은 이때부터 부담을 갖기 시작합니다.

'내가 차를 다시 구매하려면 최소한 6년은 지나야 하는데, 저 사람은 나한테 처음처럼 잘하네. 미안해서 어떻게 하지?'

이때 그 고객은 진심으로 소개활동을 시작합니다. 일반적인 세일즈맨은 고객을 발굴하고 자신의 진실성을 고객에게 알리려면 평균 30여 차례 만나야 한다고 합니다. 하지만, 지인의 소개는 이런 과정을 생략하게 만듭니다. 여기서 대단한 시간과 수고가 절약됩니다. 판매왕은 고객을 수당을 주지 않아도 되는 자신만의 자동차 세일즈맨으로 만듭니다.

012부대는 혼자서 차를 팔기 때문에 실적이 부진하지만, 판매왕은 수십 명이 함께 팔기 때문에 1년에 250여 대의 차를 판매할 수 있는 것입니다. 012부대는 한번의 불신으로 신뢰도가 0점이 되지만, 판매 왕은 10배, 100배 확장되는 것입니다. 이것이 바로 곱셈의 법칙입니다.

둘째, 친구의 법칙

오래 전에 이런 신문기사를 읽은 적이 있습니다.

1964년 일본의 동경 올림픽 개최과정에서 올림픽 메인스타디움을 건립하기 위해 지은 지 3년 밖에 안된 건물을 헐게 되었습니다. 지붕을 벗기던 인부들은 꼬리 쪽에 못이 박힌 채 벽에서 움직이지 못하고 있는 도마뱀 한 마리를 발견했습니다. 집주인은 인부들을 불러 그 못을 언제 박았느냐고 물어보았지요. 그랬더니 인부들은 한결같이 집을 짓던 3년 전에 박은 것이 분명하다고 했습니다.

도마뱀이 3년 동안이나 못에 박힌 채 죽지 않고 살아 있었다는 사실은 참으로 놀라운 일이라고 모두들 혀를 내둘렀습니다. 사람들은 이 신기한 사실의 전말을 알아보기 위하여 공사를 잠시 중단하고 도마뱀을 지켜보기로 했습니다. 그랬더니 잠시 후, 다른 도마뱀 한 마리가 먹이를 물고 나타났습니다. 그 도마뱀은 3년이란 긴 세월 동안 못에 박힌 도마뱀을 위해 하루에도 몇 번씩이나 먹이를 가져다 주었던 것이었습니다.

강의 중에 '어려운 일이 발생했을 때 도와줄 수 있는 절친한 친구의 이름을 적어보십시오. 단, 가족은 제외해야 합니다.'라고 주문을 하면 2명을 적는 사람도 있고, 3명을 적는 사람도 있습니다.

20대와 50대 중 어떤 사람이 더 많은 친구의 이름을 적을 수 있을까요? 뜻밖에도 20대입니다. 왜 그럴까요? 50대는 세상을 더 많이 경험했고 더 많이 교류했기 때문에 더 많은 친구의 이름을 적을 수 있지 않을까요? 제가 오랜 고민 끝에 내린 결론은 진정성에 있었습니다. 20대는 친구가 어려운 일이 닥치면 물불을 가리지 않고 뛰어듭니다. 그렇기 때문에 친구도 나를 위해 그렇게 하리라는 것을 의심하지 않습니다.

그러나 50대는 다릅니다. 여러 가지 상황적인 변화도 있다는 것을 충분히 이해합니다. 가족이 있고, 사회적인 지위가 있어서 쉽게 판단하고 행동할 수 없는 상태라는 것도 이해합니다. 그러나 50대는 상대를 신뢰하지 못하는 것이 아니라, 자신을 신뢰하지 못합니다. 친구의 어려운 문제가 발생해서 요청할 때 자신이 그 부탁을 들어줄 수 없는 것입니다. 그렇기 때문에 친구의 이름을 적을 수 없었던 것입니다.

결국 자신의 문제입니다.

저는 대학을 졸업한 직후 20대 후반에 부모님께서 보태주신 돈과 대출받은 돈으로 아파트를 분양 받았습니다.

그러던 어느 날, 대학 때 친하게 지냈던 친구가 급히 연락을 해왔습니다. 그 친구는 대학원을 졸업하고 중견건설회사 경리과장으로 일하고 있었는데, 제게 돈을 빌려달라고 부탁했습니다. 돈은 없고 가진 거라고는 달랑 집 한 채라고 했더니, 집을 담보로 대출을 받아달라고 했습니다.

고민을 한 후 약속을 하고 등기서류를 들고 은행에 갔더니 그 친구는 회사의 사장과 함께 나와 있었습니다. 회사가 어려워서 제게 자금을 부탁했던 것이었습니다.

빌려달라는 돈이 친구에게 가는 것이 아니라, 회사로 간다니 잠시 고민이 되었지만 결국 저는 집을 담보로 대출을 받아 그 친구에게 주었습니다. 그리고 얼마 지나지 않아 그 회사가 위험하다는 소식을 들었습니다. 결국 그 회사는 부도가 났습니다. 그러나 그 친구는 부도 직전에 제 대출금을 상환해주었습니다.

당시 상황을 추억해보면 지금도 아찔합니다. 집을 담보로 친구에게 돈을 빌려준다? 그것도 그 친구의 회사를 위해서? 지금 생각해보면 그것은 불가능한 일입니다. 그러나 제게 어려운 일이 생겨서 그 친구에게 부탁을 해도 부탁을 들어줄 친구라고 판단했기 때문에 가능했습니다.

평생을 살면서 이런 친구를 22명은 찾아보세요. 물론 대단히 어려운 일입니다. 당신이 진실하고 절친한 친구 22명을 찾을 수 있다면 10,648명을 움직일 수 있습니다. 바로 친구의 친구 법칙입니다

$22 \times 22 \times 22 = 10,648$

10명을 적으면 1,000명을 움직일 수 있습니다.

나에게 어려운 일이 발생하면 친구를 찾게 되고, 그 친구가 도와주지 못한다면 그 친구는 자신의 친구 중에 또 다른 친구를 찾게 됩니다. 그 친구는 나를 위해 노력하는데, 정작 나를 알지 못합니다. 그런데 왜, 무슨 이유로 나를 도와주기 위해 노력할까요? 바로 친구 때문입니다. 단,

이 조건은 친구가 부탁하면 언제든지 내가 들어줄 준비가 되어 있어야 합니다.

셋째, 부메랑의 법칙

"베풀면 반드시 돌아옵니다."

20대 중반의 사장이 낡은 트럭 한대를 끌고 미군 영내 청소를 하청 받는 사업을 시작했습니다. 처음에는 운전하는 일을 맡았습니다.

한번은 물건을 실어서 인천에서 서울로 돌아가는 길이었습니다. 그런데 외국 여성이 길가에 차를 세워놓고 난처한 표정으로 서 있는 모습이 보였습니다. 그냥 지나치려다 차를 세우고 사정을 물어보았더니 차가 고장이 났다며 난감해 했습니다.

그는 무려 1시간 30분 동안이나 고생해서 차를 고쳐주었습니다. 그랬더니 외국 여성은 고맙다면서 상당한 금액의 돈을 내놓았습니다. 하지만 그는 그 돈을 받지 않았습니다.

"우리나라 사람들은 이 정도의 친절은 베풀고 지냅니다."

그러면 주소라도 알려달라고 조르는 그 외국 여성에게 그는 주소만 알려주고 돌아왔습니다.

그 다음날, 그 외국 여성은 남편과 함께 찾아왔습니다. 그 남편은 바로 미 8군 사령관이었습니다. 그 여성은 미 8군 사령관의 아내였던 것입니다. 그녀의 남편인 미 8군 사령관은 그에게 직접 돈을 전달하려 했지만, 그는 끝내 거절했습니다.

"명분 없는 돈은 받지 않습니다. 정히 저를 도와주시려면 명분있는 것을 도와주시오."

"명분있게 도와주는 방법이 무엇입니까?"

"나는 운전사입니다. 그러니 미 8군에서 나오는 폐차를 내게 주면 그것을 인수해서 수리하고 그것으로 사업을 하겠소. 폐차를 인수할 수 있는 권리를 내게 주시오."

사령관으로서 그것은 일도 아니었습니다. 고물로 처리하는 폐차를 주는 것은 어려운 부탁이 아니었습니다. 그렇게 해서 만들어진 기업이 바로 대한항공입니다. 오늘날의 한진그룹은 이렇게 우연한 인연에서 시작되었습니다. 이 이야기는 조중훈 회장의 실화입니다.

지금 내 앞에 있는 사람이 나를 살릴 수도 있습니다. 좋은 인맥을 만들려면 내가 먼저 누군가에게 무엇인가를 줘야 합니다.

조중훈 회장이 이름도 모를 외국 여성의 차를 고쳐준 것이 상상치도 못한 인맥으로 이어진 것입니다.

베풀면 돌아옵니다. 상대의 가슴에 씨앗을 뿌려보세요. 그러면 그 사람 가슴속에는 씨앗이 자랍니다. 은행에 돈을 저축해서 은행이 망하면 5천만 원까지만 보장을 받습니다. 그러나 사람에게 저축하면 저축한 것의 몇 배에 해당하는 이자가 돌아옵니다. 절대로 떼이는 법이 없습니다.

이것이 우리가 인맥을 소중히 여겨야 하고, 제대로 된 인맥이 없이는 성공을 할 수 없는 이유입니다. 인맥은 거저 얻어지는 것이 아닙니다. 시간, 노력, 배려, 인내가 만들어낸 합작품입니다. 좋은 인맥을 맺고 평생의 친구를 얻으면 삶의 질이 높아지는 것은 물론이고, 행복까지 덤으로 얻을 수 있습니다.

　사람과 사람을 이어주는 마음의 다리인 인맥, 결코 소홀히 여겨서는 안 될 것입니다.

인맥 카지노를 탈출하라

카지노에 가면 없는 것이 3가지 있습니다. 거울과 시계 그리고 창문이 없습니다. 거울이 없는 이유는 도박에 중독된 자신의 모습을 보면 게임을 그만 두게 되기 때문이고, 시계가 없는 이유는 시간 개념을 없애서 몰입하게 만들기 위함이며, 창문이 없는 이유는 밤인지 낮인지 구분하지 못하도록 만들기 위함이라고 합니다.

아래 사진을 보면 하늘이 청명하고 밝게 빛나고 있지요? 이 사진에 나온 파란 하늘은 가짜 하늘입니다. 인공하늘로 인해 대낮에 밖에 서 있다고 착각할 정도입니다. 호텔정문을 열고 들어서면 실내에 이런 가짜 하늘과 3층짜리 실제 쇼핑몰이 있습니다.

얼마 전에 마카오에 갔다가 세계 최대의 카지노 호텔에 방문했습니다. 총 공사비가 6조8천억 원이나 투입됐고, 전체 면적이 미식축구 경기

장 56개를 합한 것과 맞먹는 어마어마한 규모입니다. 온 도시 전체가 르네상스 전성기를 말해주는 베네치아를 완벽하게 재현한 곳이 마카오에 있는 베네치아 마카오 리조트 호텔입니다.

베네치아 카지노호텔이 천정을 파란 하늘로 만든 이유는 무엇일까요? 도박하기에 시간이 충분하다는 착각이 들도록 하기 위한 것입니다.

어떤 사람들은 스스로를 이런 카지노 속에 가두는 사람이 있습니다. 외부와 차단하고, 매일 만나는 사람들끼리만 만나며, 매일 같은 얘기를 나눕니다. 이런 사람에게는 좋은 인맥이 생길 수 없습니다. 스스로를 가두는 갈라파고스화 시키는 것입니다. 갈라파고스화는 1990년대 일본 제조업이 일본시장 특유의 니즈 충족을 고집한 결과, 글로벌 경쟁력이 약화되는 현상을 설명하면서 등장한 개념입니다. 일본인들은 외국산은 구매하지 않고 오직 자국산 물품만 구매했습니다. 국산품을 애용하기 때문에 자국을 위한 방법이라고 생각할 수 있지만, 이런 소비행태는 일본 전자 산업들이 세계 경쟁력을 잃게 만든 원인 중 하나로 작용합니다. 자국상품을 보호하려는 의지가 결국은 스스로를 가두는 꼴이 된 것입니다.

인맥도 마찬가지입니다. 스스로를 제한된 틀에 가두지 말고, 지속적인 확장을 통해 인맥을 넓혀야 합니다. 외부 사람들을 만나십시오. 일주일에 한 번 이상은 외부인들과 점심을 먹고, 한 번 이상은 저녁을 먹어보시기 바랍니다.

인맥은 만병통치약은 아니지만 비타민과 같은 존재입니다. 이 정글 같은 세상에서 든든한 우군이 있다는 것은 언제나 마음 한구석에 뿌듯함과 자신감을 느끼게 합니다. 인맥은 작은 묘목을 크게 키우는 것과 같습니다. 몰입의 시간과 성취의 기쁨이 정비례하기 때문이지요.

인맥은 하루 아침에 이뤄지는 것이 아니라, 수개월, 수년의 시간과 정성이 쌓여야 자라납니다. 그런 정성이 들어가기 때문에 인맥은 소중해집니다. 들인 정성만큼 고스란히 아름드리 수확의 즐거움으로 다가옵니다.

같은 길을 가는 인맥은 내게 이해의 기쁨과 때론 힘듦을 이겨낼 지혜를 줍니다. 서로 다른 길을 가는 인맥은 내가 알지 못했던 다양한 세계에 대한 지식을 줌으로 해서 삶을 풍부하게 만들어줍니다. 취미와 취향을 공유하는 인맥은 때론 고단한 삶에 오아시스와 같은 역할을 합니다. 이 인맥들이 무성할수록 우리의 삶은 행복할 것입니다.

1967년 하버드대의 사회학 교수인 스탠리 밀그램은 과연 모르는 사람들이 몇 다리를 거치면 서로 알게 될까를 조사해서 평균 5.5 다리만 건너면 서로 연결될 수 있음을 과학적으로 입증했습니다.

그렇다면 우리나라 사회는 어떨까요? 2004년 1월 중앙일보와 연세대 사회발전연구소가 우리나라 사회 연결망 조사를 실시한 결과 3.6명이라는 놀라운 수치를 발표했습니다.

즉, 전혀 모르는 낯선 사람들끼리도 자신이 알고 있는 세 사람 혹은 네 사람만 거치면 인맥으로 묶일 수 있는 아주 좁은 사회라는 것이 입증된 것입니다. 실험 방법은 스탠리 밀그램 교수의 방법을 기본으로 하여, 목표 인물을 선정하고 전국 5대 도시에 사는 108명의 출발자에게 목표 인물의 성, 연령, 거주지, 직장, 군복무 형태와 시기, 출신학교, 가족사항 등을 자세히 알려줍니다.

이 정보를 바탕으로 출발자는 개인적으로 아는 사람 중에서 목표 인물을 알 것 같은 사람에게 연락을 하고, 연락을 받은 다음 단계의 사람도 조사 팀에서 목표 인물에 대한 자세한 설명을 들은 뒤 마찬가지로 목표 인물을 알만 한 또 다른 사람을 찾습니다.

이런 과정을 반복해 최종적으로 목표인물이 연락을 받으면 실험은 종료되는데, 평균 3.6명만 거치면 목표인물을 찾을 수 있었다는 것입니다. 그래서 두세 다리만 건너면 누구나 청와대에 줄을 댈 수 있다고 생각하는 것입니다. 이 조사의 경우 목표인물의 학연을 통해 찾으려는 시도가 가장 성공률이 높았습니다.

그러나 잊지 말아야 할 것은 인맥은 자신의 정성, 베푼 만큼 쌓인다는 것입니다. 역사상 가장 탁월한 인맥관리자였던 예수와 부처를 떠올려 보십시오. 그들은 돈도, 학벌도, 배경도 없었지만 모든 사람을 진심으로 대하고, 늘 베풀고, 상대의 말에 귀를 기울였습니다. 든든한 인생의 버팀목이 되어주는 인맥은 '진정성을 가진 관계 맺기'에 있습니다. 진심으로 공들여 쌓아야만이 비로소 인맥의 힘이 강해집니다.

카지노에 없는 세 가지, 거울·시계·창문은 인맥에 있어서 반드시 필요한 세 가지입니다. 거울을 보면서 자신은 타인에게 어떤 인맥이 되어줄 수 있는지 생각해봐야 하고, 시계를 보면서 혼자 방 안에 갇혀 있는 시간에 나가서 누군가와 마음을 나눠야겠다고 생각해야 하고, 마음의 창을 열어서 상대방을 기꺼이 받아들여야 합니다. 그것은 당신을 행복과 성공의 길로 인도할 것입니다.

제7장

삶을 이끄는
6 가 지
위대한 원리

감사

- 삶은 고해다
- 타인을 인정하고 감사하라
- 적에게 감사하라
- 베풀면 돌아온다
- 이드, 자아, 초자아의 싸움

삶은 고해다

 정신과의사인 스캇 펙 박사는 그가 저술한 『아직도 가야 할 길』에서 인생이 고해임을 인정하는 순간 우리의 삶은 더 이상 고달프지 않다고 말합니다.

스캇 펙의 표현대로 삶은 고해苦海입니다. 이것은 삶의 진리 가운데 가장 위대한 진리입니다. 그러나 이러한 평범한 진리를 이해하고 받아들일 때 삶은 더 이상 고해가 아닙니다. 다시 말해, 삶이 고통스럽다는 것을 알게 되고, 그래서 이를 이해하고 수용하게 될 때, 삶은 더 이상 고통스럽지 않습니다. 왜냐하면 삶이 고해임을 받아들일 때 비로소 삶의 문제에 대해 그 해답을 스스로 내릴 수 있게 되기 때문입니다.

대부분의 사람들은 삶이 어렵다는 이 쉬운 진리를 깨닫지 못하고 살아갑니다. 삶이란 대수롭지 않으며 쉬운 것이라고 생각한 나머지 살아가면서 부딪치게 되는 문제와 어려움이 가혹하다고 불평을 하게 되는 것입니다.

　사람들은 흔히 자신의 문제만 가장 특별하다고 믿으며, 왜 다른 사람들은 당하지 않는데 자신과 자신의 가족, 자신이 속해 있는 집단만 이같이 고통스런 문제를 안고 살아가야 하는지 분개합니다.

　하지만 삶은 문제의 연속입니다. 삶의 승패는 그 문제들을 얼마나 잘 해결해나가는가에 달려 있습니다. 문제들은 우리에게 용기와 지혜를 요구할 뿐만 아니라, 없던 용기와 지혜를 만들어내게까지 합니다. 우리는 문제를 통해서 지적으로나 영적으로 성장할 수 있습니다.

　그러나 우리는 대부분 그렇게 현명하지는 못합니다. 정도의 차이는 있지만 대체로 고통을 두려워하고, 가능한 한 문제들을 피하려고 합니다. 문제를 질질 끌면서 저절로 없어지기를 바라거나 문제를 무시하고 잊어버리려 하면서 마치 문제가 없는 것처럼 여기려 합니다.

　우리 주변의 많은 사람들이 자신들에게 다가온 고통과 삶의 문제에 대해 적극적으로 극복해나가려 하지 않고 절망하고 포기해버립니다. 그러나 자신에게 다가온 절망적인 상황이나 문제를 용기와 지혜로 극복하고 행복을 찾아야 합니다.

　스캇 펙은 성격장애와 신경증을 이렇게 구분하고 있습니다. 성격장애자는 모든 문제를 자신의 탓이 아니라고 회피하며 모두 세상 탓이나 다른 사람의 탓으로 돌립니다. 반면 신경증 환자는 모든 문제를 자신의 탓으로 돌립니다. 고통스러운 문제나 고난이 다가왔을 때 세상 탓으로 돌리거나 자신의 탓으로 돌리는 것 모두 건강한 삶의 태도가 아닙니다.

문제가 생겼을 때 용기를 내 문제를 직시하고 지혜롭게 해답을 찾아나가는 것이야말로 성숙한 사람의 자세입니다.

성격장애나 신경증은 우울증세를 동반합니다. 우울한 사람은 과거와 친한 사람입니다. 과거에 매달려 있습니다. 현실과 친해지는 것을 방해합니다. 우울에서 벗어나려면 현실에 감사하는 것이 필요합니다.

생각해보면 감사할 일도 많습니다. 종이를 한 장 펼치고 테두리를 따라 커다란 네모칸 두 개를 좌우로 그려보세요. 그리고 왼쪽에는 갖고 싶은데 못 가진 것, 오른쪽에는 현재 갖고 있는 것을 적어보세요.

갖고 싶은데 못 가진 것	현재 갖고 있는 것
- 돈 - 대형 아파트 - 고급 자동차	- 가족 - 건강 - 친구 - 직업 - 시간 - 열정 - 꿈

적어보면 생각했던 것보다 훨씬 많은 것을 갖고 있다는 사실을 발견할 것입니다. 당신이 갖고 있는 건강은 지금 치명적인 질병에 걸렸거나 장애를 갖고 있는 사람에게는 어떤 돈으로도 살 수 없는 가치입니다. 가족이 없는 사람은 당신의 가족을, 진정한 친구가 없는 사람은 당신의 친구를 부러워합니다. 현재 당신이 갖고 있는 것에 감사하세요. 그것은 진정으로 감사할 일입니다.

친한 친구 중에 강승완 대표가 있습니다. 영화사업을 하고 있는 그는 람보2 같은 영화를 수입배급하고, 장동건이 주연한 〈친구〉를 공동 제작하였으며, 멀티플렉스 극장인 MMC극장을 운영하고 있습니다.

강 대표는 생각과 행동이 좀 특이합니다. 종교에 심취하며 늘 마음의 평정심을 유지하며 사는 그의 고민은 '나중에 어떻게 죽을 것인가?'입니다. 그래서 항상 책상을 정리해놓습니다. 서랍 깊은 곳에는 연애할 때부터 사랑하는 아내에게서 받은 애틋한 편지가 보관되어 있고, 책상서랍 우측에는 사랑하는 아내, 딸, 아들에게 전할 편지가 보관되어 있습니다. 그의 행동이 의아해서 어느 날은 물었습니다.

"왜 그런 생각을 하는가?"

"죽음은 항상 가까이 있는 것일세."

그는 도인처럼 대답했습니다. 그는 지병이 있는 것도 아니고, 사업에 문제가 있는 것도 아닙니다. 매우 건강하고, 사업도 순탄하게 진행하고 있는 상태입니다.

강 대표는 모든 욕심을 내려 놓고 사는 친구입니다. 실제로 죽음은 가까이 있는 것이라고 생각하면 모든 일에 욕심이 없어진다고 합니다. 세상은 오롯하게 감사할 일만 가득하다고 합니다. 그래서 봉사, 기부, 헌신을 실행합니다. 겨울에는 딸과 아들과 함께 도시락을 100개씩 주문해서 서울역에 가서 노숙자들에게 나눠주는 등 베풀고 나누기를 좋아합니다. 그것이 자신이 할 일이라고 생각합니다. 아내, 두 아이와 함께 매주 부모님을 모시고 식사를 하는데, 결혼한 지 19년 동안 단 한 차례도 빠뜨린 적이 없다고 합니다. 어떤 때는 신부님 같고, 어떤 때는 스님 같으며, 어떤 때는 목사님 같은 친구입니다.

한번은 후배의 요청으로 후배사업에 투자를 했는데, 그 사업의 파산으로 강 대표 역시 타격을 입은 적이 있었습니다. 그 후배는 파산이 주는 최악의 상황을 거치면서 많은 상처를 입었고 가정은 순식간에 피폐하게 변했습니다. 그 과정에서도 강 대표는 후배에 대한 지원과 관심을 아끼지 않았고, 최근에는 후배의 부탁으로 다시 투자를 감행해서 그 후배는 지금 정상을 향해 다시 정진하고 있습니다.

그 후배는 이런 말을 합니다.

"사람은 두 부류로 나뉘는 것 같습니다. 망하기 전에 알았던 사람과 망한 후에도 그 관계가 유지되는 사람으로요."

후배가 인생의 전환점을 붙잡을 수 있도록 지원해 준 강 대표에 대한 고마움을 절대로 잊을 수 없다고 고백하는 것을 듣고 많은 것을 느꼈습니다. 강 대표의 결정은 절대로 쉬운 결정이 아닙니다. 이미 파산해서 남은 것이 없는 후배를 위해 다시 투자를 감행한다는 것은 보통 사람으로는 불가능한 판단이죠. 모든 것을 내려놓고 생각할 때만이 그것이 가능해집니다.

그러나 우리는 어떤가요? 우리는 대부분 어떻게 살 것인가를 고민합니다. 내가 가진 것이 상대보다 적어 보이고, 부족해보입니다. 그 부족한 것은 채우는 과정에서 문제가 생깁니다. 남들보다 잘 살기 위해 남을 비방하고, 남이 잘되는 것을 두고 보지 못합니다. 남을 밟고 일어서죠.

현재 갖고 있는 감사를 느껴보세요. 현재 있는 것에 감사를 느끼면 인생이 아름답게 변합니다.

인생은 고해이고, 이 고통의 바다에서 그나마 이 정도의 행복을 느끼고 사는 것은 얼마나 감사한 일인가요. 감사하는 마음은 고통의 바다에 띄워진 구명조끼입니다. 우리가 익사하지 않도록 우리를 든든히 지켜주는 고마운 생명줄입니다.

타인을 인정하고 감사하라

 일본에는 경영의 신이라고 불리는 세 명의 경영자가 있습니다. 마쓰시다 고노스케, 혼다 소이치로, 이나모리 가즈오입니다.

마쓰시다 전기의 창업자이며 '기업 경영의 신'으로 불리는 마쓰시다 고노스케는 독특한 경영이념과 탁월한 통찰력 및 국제감각으로 나쇼날, 파나소닉, 테크닉스, 빅터 등의 브랜드를 히트시켰으며 마쓰시다 전기를 연간매출 5조엔 이상, 국내외 관련회사 570개사, 직원 19만 명을 거느린 세계적 대기업으로 성장시켰습니다.

어린 시절 아버지의 파산으로 초등학교를 중퇴하고 자전거 점포의 점원으로 일을 시작했던, 마쓰시다 고노스케는 자신은 하늘에 3가지 큰 은혜를 입고 태어났다고 말합니다.

첫째, 가난한 것

둘째, 허약한 것

셋째, 못 배운 것

가난은 부지런함을 낳았고, 허약함은 건강의 중요성을 깨닫게 해주었으며, 못 배웠다는 사실 때문에 누구한테라도 배우려고 했습니다. 타고난 약점은 약점이 아닙니다. 오히려 자신의 삶을 더욱 강하게 해줄 밑천입니다.

혼다 소이치로 회장은 혼다 자동차의 창시자입니다. 그는 오토바이를 만들다가 자동차를 만들라고 박사들에게 지시했다고 합니다.

"모르는 소리 마세요. 자동차는 그렇게 만들어지는 것이 아닙니다. 절대 불가능합니다."

"그래? 그렇다면 내가 하지."

혼다 소이치로는 직접 2년 만에 자동차 만들었습니다.

"대학 졸업장 따위는 영화표만 한 가치도 없다. 영화표는 최소한 영화관 입장을 보장하지만 졸업장은 아무것도 보장하지 못한다."

그의 말은 많은 것을 생각하게 해줍니다. 많이 배운 사람일수록 배운 것 말고는 할 수 있는 것이 없다는 그의 생각에 전적으로 동의합니다.

이나모리 가즈오는 '아메바 경영'으로 유명하며, 경영학교 '이나모리 학교'의 학교장으로 젊은 경영인을 육성했습니다. 이나모리 가즈오는 우리나라 농업의 근대화를 이끈 우장춘 박사의 넷째 사위이기도 합니다. 일본은 이런 인물을 경영의 신이라고 추앙하며 그들에게 많은 것을 배우려고 노력합니다.

하지만 우리나라에는 이보다 훨씬 더 대단한 인물들이 있습니다. 이병철 회장은 한 분야가 아니라, 다양한 분야에서 세계 1등을 기록하는 터전을 만들었습니다. 2004년도에는 삼성전자 10조 순이익으로 마쓰시다, 히다치, 도시바 등 일본 상위 10개사 순이익의 합계의 두 배에 달하는 실적을 올리기도 했습니다. 당시 10조 순이익을 내는 회사는 전세계 10개에 불과했습니다. 전자, 반도체, 세계최고 층 빌딩 등 세계 1위 점유율 제품이 21개나 됩니다.

정주영 회장 역시 다양한 분야에서 1등을 기록하고 세계를 놀라게 했습니다. 조선 1등, 자동차 5등, 경부고속도로 건설, 중동시장진출, 88서울 올림픽 유치, 서산 가로림만 정주영공법, 쥬베일 항만 공사 등 많은 것들이 있습니다.

이병철, 정주영 회장은 멀티플레이어입니다. 김연아 선수가 올림픽에서 피겨는 물론 수영, 양궁, 태권도, 펜싱에서 금메달을 따는 것만큼 어려운 일입니다.

우리는 그렇게 대단한 민족이고 역량을 가졌습니다. 그런데 우리는 우리 스스로를, 특히 타인을 인정하지 않습니다. 남이 잘되는 것을 시기하고 질투합니다.

일본과 우리나라의 차이를 극명하게 나타나는 것이 바로 소송입니다. 고의로 허위진술을 하는 위증죄로 기소되는 사람이 일본은 일년에 9명인데 반해 우리나라는 무려 1,544명입니다. 무려 171배나 높습니다.

다른 사람을 형사처분이나 징계 처분을 받게 할 목적으로 관련 기관에 허위 사실을 신고하는 무고죄로 기소되는 사람은 일본이 10명인데 우리나라는 2,171명으로 무려 217배나 됩니다. 일본의 인구가 우리나라보다 2.6배나 많은데 말이지요. 이런 정황을 기반으로 한다면 왜 우리나라에는 경영의 신이 존재할 수 없는지를 알 수 있습니다.

구분	위증죄	무고죄
일본	9명	10명
우리나라	1,544명	2,171명
차이	171배	217배

서울중앙지법은 2012년 7월 6일 가수 타블로(본명 이선웅)가 학력을 위조했다는 허위 사실을 유포한 혐의로 기소된 인터넷 카페 '타블로에게 진실을 요구합니다(타진요)' 회원 3명에게 각각 징역 10개 월의 실형을 선고하고 법정 구속했습니다.

재판부는 "타블로를 비방하기 위해 만들어진 인터넷 카페에 가입해 타블로와 그의 가족을 악의적으로 비방한 것은 건전한 비판의 정도를 넘어선 것으로 죄질이 나쁘다. 타블로가 미국 스탠퍼드 대학을 졸업한 게 맞다고 언론이 보도하고, 타블로에게 명예훼손 혐의로 고소를 당한 상황에서도 악의적인 글을 계속 올렸으며, 법정에서도 증거가 조작됐다고 주장하며 자신의 잘못을 인정하지 않아 실형을 선고했다."고 밝혔습니다.

왜 이런 일이 벌어질까요? 남이 잘되는 것을 인정하지 못하기 때문입니다. 안타까운 것은 자신과는 상관도 없는 일에 자신의 모든 것을 걸면서 대응한다는 것입니다.

전 세계에서 차이나타운이 존재하지 않는 곳은 세 나라라고 합니다. 북한, 우리나라, 중국이라고 합니다. 차이나타운이 전세계에 걸쳐서 형성되고 유지되는 데는 그럴만한 이유가 있습니다. 화교들은 교포들 상호간에 시너지효과를 확장하는 방법을 알고 있습니다. 그들은 서로를 신뢰하고 밀어줍니다.

새로운 거리에 차이나타운이 형성되기 전에 조그만 중국집이 하나 생깁니다. 중국집이 번창해서 돈을 벌게 되면 중국집 사장은 주방장을 부릅니다.

"자네는 돈을 얼마나 저축했는가?"

"예, 한 5천만 원 정도 됩니다."

"그래? 그러면 내가 5천만 원 빌려줄 테니 자네도 분가해서 중국집을 차리게."

그리고 주방장에게 자신의 가게 옆에 중국집을 차려줍니다. 그 주방장은 또 다른 주방장을 분가시켜서 오늘날의 차이나타운이 형성된 것입니다.

주인이 바로 옆에 자신과 동일한 업종의 점포를 내주는 것은 여간 큰 배려가 아닐 수 없습니다. 수요자 시장은 동일한데 공급자가 늘어나기 때문에 경쟁이 치열해지는 것입니다.

그러나 전체적으로 보면 시장의 파이를 키우는 방법이라는 것을 알 수 있습니다.

그런데 우리는 어떻습니까? 주방장이 분가한다고 하면 쳐다보지도 않습니다. 더구나 바로 옆에 식당을 차린다고 하면 온갖 방법을 동원해서 방해합니다. 그래도 옆집에 식당을 차리면 둘 중에 하나는 죽기로 작정하고 싸웁니다. 음식값을 서로 내리다가 결국엔 둘 다 망합니다. 너 죽고 나 죽어야 싸움은 끝납니다. 순망치한이라는 말이 있습니다. 입술이 없으면 이가 시립니다. 타인을 인정하고 배려해야 합니다.

우리는 흔히 누군가가 나를 위해서 무언가 이득이 되는 것을 주어야만 감사하다는 마음을 갖습니다. 하지만 직접적인 무언가가 아니라도, 자신이 노력할 수 있는 동기를 부여해주거나, 나에게 해를 입혔지만 그 해로 인해 내가 깨달음을 얻었다면 그것 역시 감사해야 하는 일입니다.

우리 식당의 주방장이 바로 옆에 식당을 차리는 경우가 생기면, 서로 경쟁할 수 있어 감사하고, 모르는 타인이 아니라 함께 일해왔던 동료였으니 의지가 되어서 감사하고, 식당이 여럿이 모여 있으니 손님들에게 선택의 폭을 넓혀줄 수 있어서 감사하다고 생각할 수 있어야 합니다. 그렇게 감사한 일들이 많아지다 보면 웃을 일도 늘어나고, 웃다 보면 행복한 일들이 생기게 마련이고, 그래서 감사, 또 감사하게 된답니다.

적에게 감사하라

데일 카네기는 말합니다.

"원수에게 복수하지 마라. 그것은 그들보다는 우리들 자신에게 훨씬 더 큰 상처를 입히기 때문이다. 좋아하지 않는 사람에 대한 생각으로 시간을 낭비하지 마라."

하버드 대학교의 테일러 박사는 화가 나 있거나 분노 또는 절망의 상태에서 90초만 참아낸다면 그 감정은 식어버린다고 합니다. 다시 말해 감정의 수명은 90초라는 뜻입니다.

"부정적 생각이나 감정의 자연적 수명은 90초이다. 우리가 화를 내는 순간 스트레스 호르몬이 온 몸의 혈관을 타고 퍼져 나가는데, 90초가 지나면 저절로 사라진다."

하지만 90초가 지나도 화가 가라앉지 않는 경우가 허다합니다. 그 이유는 자신이 그 스트레스 호르몬에 계속 기름을 붓기 때문입니다.

화가 날일이 있으면 이렇게 해보세요. 편안하게 앉아서 3초 동안 숨을 들이마십니다. 그리고 5초 동안 숨을 내쉽니다. 이 호흡을 계속하면서 몸이 무거워지고, 기분 좋은 따뜻한 느낌이 전해진다고 상상해보세요. 그 다음에 내가 화낸 일이 화낼 가치가 있는지 없는지를 판단해보십시오.

예를 들어 고속도로를 달리는데 난데없이 차가 끼어들어 교통사고가 날 뻔한 일이 벌어졌다고 가정합시다. 화가 머리끝까지 납니다. 나도 급 발진해서 그 차를 저지하려 합니다. 그러나 그 차는 시야에서 사라지고 없습니다. 나는 여전히 화가 나 있습니다. 그 상태에서 화를 계속 내는 것이 가치있는 일일까요? 아닙니다. 나는 가치없는 일에 화를 내면서 내 자신을 해치고 있는 것입니다. 들숨과 날숨을 쉬면서 스스로를 달래보세요. 문제의 그 차는 이미 사라지고 없습니다.

외길에서 앞차가 느리게 갈 때면 화가 나서 경적을 울립니다. 그러나 잠깐만 생각을 다듬어보세요.

'저 차는 우리 아버지께서 운전하고 계신 차다.'

생각이 바뀌고 마음은 편안해 집니다.

친한 사람들끼리 철천지원수가 되는 것은 간단합니다. 순간의 화를 참지 못하고 뱉은 말 때문에 또 다른 화를 자초하는 것입니다. 상대에게 화낼 일이 있으면 이렇게 생각해보십시오.

"내가 그 사람이라면 어떻게 했을까?"

문제가 생기면 단순하게 상대의 잘못이라고 판단하지 말고, 그 사람의 말이 나의 어떤 부분을 건드렸는지를 찾아보십시오. 그리고 그것이 앞서 말한 것처럼 화를 낼만한 가치가 있는지를 파악해야 합니다. 그리고 차분하게 말하세요.

"당신의 어떤 것이 나를 힘들게 한다. 이렇게 해줬으면 좋겠다."

그렇게 관계를 개선시켜나가야 합니다.

대부분의 문제는 천천히 기다리면서 입장 바꿔 생각하면 풀립니다.

프라이팬에 고기를 굽다가 태우면 바닥에 까만 찌꺼기가 붙어 흉해집니다. 칼로 긁어봐야 프라이팬만 망가집니다. 이럴 때는 물을 붓고 천천히 기다리면 됩니다. 시간이 지나면 까만 찌꺼기가 물에 불어서 스스로 떨어집니다.

누군가 당신을 힘들게 했다고 칼로 긁어 생채기를 내지 마세요. 당신만 다칩니다. 그냥 기다리면 됩니다. 시간이 지나면 모든 것은 사라집니다.

지나고 나면 감사할 일이 너무 많습니다. 저도 사람 때문에, 그것도 매우 친했던 사람 때문에 배신과 절망을 겪으면서 그 사람을 미워했습니다. 복수심이 끓어올랐습니다. 복수심은 오래 유지되는 강력한 감정입니다. 그러나 진정한 복수가 무엇인지를 곰곰이 생각해보았습니다.

그래서 내린 결론은 상대를 마음에서 지워버리는 것이었습니다. 내 상처의 근원이자 복수의 대상인 상대를 지워버리는 것이 진정한 복수라는 것을 알게 된 것입니다.

그렇게 상대를 지워버리고 배신에서 벗어나기 위해 다시 시도하고,

절망에서 탈출하기 위해 다시 도전했습니다.

시간이 흐른 지금, 저는 저를 배신한 사람들에게 감사함을 느낍니다. 저를 배신한 그들, 제게 절망을 준 그들 때문에 도전을 멈추지 않았고, 그 도전으로 뜻한 바를 이루었기 때문입니다. 한때는 적이라고 생각했던 그들에게 감사할 따름입니다.

아직도 적을 마음에서 놓지 못했다면 어땠을까요? 미움과 복수의 감정이 마음속에서 뒤죽박죽 섞였을 테고, 그 감정을 이기지 못하고 스스로를 망치고 말았을 것입니다. 내가 나를 적으로 만들어 내 자신의 목을 조르고 있었을 것입니다. 생각하기도 싫은 일이지요.

적에게 감사하는 일은 쉽지 않습니다. 하지만 그 감사하기까지 몇 가지 과정을 거친다면 그리 어려운 일도 아닙니다.

'적을 마음에서 지우고, 복수심을 사그라뜨리고, 내가 망가졌다는 것을 적이 눈치채지 못하도록 다시 일어서고, 그래서 목표를 향해 열심히 일하고 내가 얻고자 하는 것을 얻는다.'

그러다 보면 적에게 감사할 일이 생기는 것입니다.

베풀면 돌아온다

"베풀면 돌아옵니다."

가천 길재단 이길여 회장은 틈날 때마다 이 말을 합니다. 그녀를 만난 것은 MBC 〈희망특강 파랑새〉 프로에서 강의를 할 때였습니다.

당시 제가 만난 주제인물 중에서 가장 감동적인 성공 역사를 갖고 있는 인물은 이길여 회장이었습니다. 그녀는 자신의 꿈인 〈박애 봉사 애국〉을 위해 결혼도 하지 않은 채 오직 국가와 인류에 헌신하겠다는 매우 독특한 철학을 갖고 있었습니다.

예전에는 의료보험이 없었기 때문에 입원을 하기 전에 보증금을 내고 입원을 해야만 했습니다. 돈이 없으면 그야말로 죽을 수 밖에 없는 구조였습니다. 그녀는 당시로서는 상상도 할 수 없었던 〈보증금 없는 병원〉을 운영했습니다. 당연히 가난한 환자들이 많이 모여들었습니다.

이들은 보증금뿐만 아니라 진료비조차 낼 수 없는 경우가 대부분이었습니다. 보증금도 없어서 못 내는 사람들이 진료비를 낼 수 없었던 건 어쩌면 당연한 일이었습니다. 그녀는 그런 환자들에게 진료비를 일절 받지 않았습니다. 나중에라도 갚을 수 있는 환자들에게는 다음에 내도록 했고, 조금만 깎아달라는 환자들에게는 적당한 금액으로 낮춰주었습니다. 진료비를 받지 않으면서도 그 환자의 자존심을 상하지 않도록 배려했습니다.

남루한 옷차림으로 진료실에 들어오는 환자가 있으면 진료를 하면서 주의 깊게 살펴서 진료기록부 위쪽에 'X'표시를 하거나 수납직원에게 미리 눈짓을 해두었습니다. 그래서 진료를 끝내고 나갈 때 알아서 진료비를 내지 않아도 되도록 조치를 취했습니다.

이런 환자들은 미안하다며 자신이 수확한 쌀이나 감자, 옥수수, 망둥어, 미역, 심지어 짚신도 들고 왔습니다. 우산장수는 우산을, 소금장수는 소금을 들고 왔습니다. 그렇게 받은 물건들이 병원 마당에 가득 쌓여 시장을 방불케 했습니다.

이런 다양한 선물들은 입원환자들에게 나눠주고, 미역이나 생선은 반찬으로, 감자나 옥수수는 산모들에게 밤참으로 만들어 먹였습니다.

저는 기업 CEO, 정부관료들을 대상으로 강의하면서 이길여 회장의 열정과 꿈에 대해서 자주 언급합니다. 특히나 18년 전의 약속을 지킨 그녀의 얘기를 꺼내놓으면 감동의 탄성이 여기저기서 쏟아져 나옵니다.

1988년 삼척에서 광부로 일하던 부부가 있었습니다. 2만 원짜리의 단

칸 월셋방에서 생활하던 부부는 임신될 확률이 70만 분의 1에 불과하다는 네 쌍둥이를 임신했다는 사실을 알았습니다.

새벽 3시, 조기산통을 느꼈던 아내를 데리고 남편은 급히 그 당시 인큐베이터가 설치된 길병원으로 찾아왔습니다. 그리고 제왕절개수술로 너무나도 사랑스러운 네 쌍둥이를 품에 안을 수 있었습니다. 하지만 부부는 만만치 않은 인큐베이터 비용과 수술비를 마련하지 못해 속을 끓이고 있었습니다. 그 때 이길여 회장이 부부에게 다가와 말했습니다.

"괜찮습니다. 네 아이가 무사히 태어난 것은 우리 병원의 축복이에요. 수술비는 걱정 마시고 몸조리나 잘 하도록 하세요. 그리고 아이들이 다 크면 제가 대학 입학금과 등록금은 모두 대드릴 테니 꼭 연락하시구요."

"감사합니다. 정말 감사합니다. 어떻게 해야 이 은혜를 갚을 수 있을까요?"

"아이들을 의사나 간호사로 키워서 세상에 봉사하게 하세요. 그러면 또 다른 사람들이 은혜를 입지 않겠어요?"

부부는 감사한 마음에 어쩔 줄 모르며 네 아이를 데리고 퇴원을 했습니다. 그리고 18년이 다 될 때까지 이길여 회장은 네 아이를 까맣게 잊고 있었습니다. 우연히 사진첩을 정리하다 그 당시의 사진을 발견한 이 회장은 서둘러 네 아이의 소재를 수소문했습니다. 아이들은 경기도 용인에서 살고 있었습니다.

광부였던 아버지는 노동과 장사로 어렵게 살아가고 있었습니다. 생활보호대상자로 지정될 정도로 살림은 어려웠지만 네 쌍둥이는 다행히 잘 자랐고 모두 공부도 잘해 둘은 수원여대 간호학과에, 둘은 강릉영동대 간호학과에 합격한 상태였습니다. 네 쌍둥이와 가족들은 간호사가 되어 사회에 봉사해달라는 18년 전 이 회장의 말을 잊지 않았던 것이었습니다. 합격은 해놓았지만 여전히 어려운 살림에 등록금 낼 일로 한숨만 쉬고 있던 상태였습니다.

2007년 1월 아이들의 생일날에 이길여 회장은 약속대로 아이들의 입학금과 등록금을 부부에게 건넸습니다. 그리고 "아이들이 공부를 잘 해서 간호사가 되면 꼭 길병원에 채용을 하겠다"는 두 번째 약속을 했습니다.

그리고 3년 뒤, 이길여 회장은 그 두 번째 약속을 지켰습니다. 21년 전, 네 쌍둥이와 그 가족의 일생에 희망을 주었고, 그 아이들은 이제 세상을 향해 그들이 받았던 사랑을 돌려주고 있습니다.

건국 이후 가장 성공한 여성 CEO로 불리는 이길여 회장이 설립한 길

병원은 수도권 5위의 종합병원으로 성장했습니다. 그녀는 역사상 유례가 없는 4개 대학(가천의대 + 가천길대학 + 경원대학 + 경원전문대학)을 통합해서 수도권 3위(정원기준)의 가천 대학교로 만든 장본인입니다.

현재는 자신의 모든 것을 가천 길재단에 투입하여 사실상 전 재산을 기부한 공익재단 이사장입니다. 이길여 회장은 오늘날 자신의 성공은 먼저 베풀었기 때문에 돌아온 결과라고 말합니다.

그녀에 관한 이야기는 언제 어디서 몇 번을 말해도 그때마다 가슴이 뭉클해집니다. 누군가와 빵 한쪽이라도 나누려면 몇 번을 고민하고, 이 사람이 내 빵에 대한 보답을 어떤 식으로 해올까, 내가 먹으면 배가 부를 텐데 굳이 이 사람에게 줘야 할 필요가 있을까, 계산기를 수십 번 두드렸던 지난 날이 몹시도 부끄러워집니다.

베푼다는 것은 무언가 보답을 받기 위해 하는 것이 아닙니다. 그것은 빌려주는 것이고, 마음의 행복을 느낄 수도 없습니다. 하지만 이상하게도 아무 이유 없이 누군가에게 베풀고 나면 그렇게 기분이 좋을 수 없습니다. 아마도 베풂으로 해서 감사를 느끼는 것은 받는 사람이 아닌 주는 사람일지도 모르겠습니다.

이드, 자아, 초자아의 싸움

인간의 마음은 매우 복잡합니다. 때로는 내 마음을 내 자신도 모를 때가 많습니다. 프로이트는 사람의 마음속에는 세 명의 사람이 살고 있다고 정의하면서 구조이론을 주장했습니다. 그 세 명의 사람은 이드, 자아, 초자아입니다.

이드는 '미지의 힘인 그것'입니다. 본능과 욕망입니다. 쾌락을 추구하고 본능을 쫓아 행동하며 참고 기다리지 못합니다. 이드는 원초적이면서 강력한 힘을 갖고 있습니다.

자아는 '나'입니다. 자존심, 자존감을 의미하며 현실적인 기준을 갖습니다. 자아는 조정자입니다. 이드의 '무조건 하고 싶은 것'과 초자아의 '도덕적 기준 때문에 해서는 안 되는 것' 사이에서 조정자의 역할을 합니다.

초자아는 '나의 위'라는 뜻입니다. 부모와 사회로부터 배운 가치관,

양심, 도덕이고 사회적인 관습입니다. 나의 위에서 나를 지켜보면서 해서는 안 되는 것을 정의하고 통제합니다. 무엇이 옳고 그른지에 대한 명확한 기준을 갖고 있습니다. 마음의 법관이지요.

이 셋 중에서 이드가 이기면 사회적으로 나쁜 짓을 저지르는 문제가 되는 것이고, 초자아가 이기면 도덕적으로 고지식한 사람이 됩니다. 융통성 없는 인생을 살아가는 것이지요.

하고 싶은 것과 해서는 안 되는 것 사이에서 조정하는 자아의 힘은 대단히 중요합니다. 자아의 힘이 강한 사람은 쉽게 휘둘리지 않습니다. 명확한 자기의 기준을 갖고 정해진 길을 향해 나아갑니다.

그래서 자아의 힘을 강화시켜 놓아야 합니다. 그러나 자아의 힘은 어느 날 갑자기 강해지는 것이 아닙니다. 자아의 힘을 강화시키는 핵심요소는 낭떠러지의 끝에, 절망의 끝에, 인생의 끝에 던져졌던 경험입니다. 그런 좌절과 절망과 고통이 자아의 힘을 강하게 만듭니다.

자아의 힘이 강한 사람들은 어지간한 절망은 툭툭 털고 일어섭니다. 설령 실패했더라도 쉽게 무너지지 않습니다. 매사를 감사하게 생각합니다.

자아가 강한 사람은 자신을 믿고 스스로에게 희망과 꿈을 불어넣어서 절망을 쫓아내게 하는 힘이 있습니다. 희망이 100이면 절망이 0이 된다는 것을 아는 사람들이지요.

만약 지금 당신이 낭떠러지의 끝에, 절망의 끝에, 인생의 끝에 던져졌다고 생각한다면, 지금이 당신의 자아를 강화시킬 수 있는 적기라고 생각하십시오. 지나보면 아무것도 아닙니다. 당신을 절망 끝에 몰아세운 그 아픔도 3년만 지나면 잊혀집니다. 무엇 때문에 당신이 그토록 고통스러워했는지 생각나지 않습니다. 억울한 일입니다. 기억조차 나지 않는 절망 때문에 고통스러워했다는 사실이 말입니다.

그러나 안타깝게도 많은 사람들은 자신이 기억하지도 못할 절망 때문에 자신의 인생을 포기합니다.

지금의 당신에게 감사하세요, 더 깊은 절망에 처해지지 않음을.

지금의 당신에게 감사하세요, 다시 한 번 도전할 수 있는 용기가 있음을.

지금의 당신에게 감사하세요, 당신의 자아가 살아 있음을.

에필로그

당신은 어떤 개구리로 살아가겠습니까?

　시커먼 황새의 목구멍에서 빠져나올 수 있는 비장의 무기를 찾으셨나요? 그렇습니다. 죽음보다 더 무서운 절망을 헤쳐나갈 비장의 무기는 바로 희망입니다. 희망을 품는 한, 절망은 절대로 당신을 무너뜨릴 수 없습니다. 죽기살기로 절망의 목을 조른다면 희망은 굳건한 방패처럼 절망의 화살들을 막아줄 것입니다.

　희망은 냄새도 없고, 맛도 없으며, 딱딱하지도 않고, 네모나지도 않습니다. 그것은 단지 우리 관념 속에서만 존재하는 개념입니다. 절망을 희망이라고 우기면 기적처럼 희망으로 변합니다. 어떠한 경우에도 희망을 버리지 마십시오. 당신이 희망을 버리지 않는다면 그 희망은 당신을 등지지 않을 것입니다.

지금부터 당신은 겁 없는 개구리입니다. 당신보다 몇 곱절 큰 황새를 때려눕히고, 몸집은 작지만 인생이라는 연못을 멋지게 활보하며, 비가 와도 눈이 와도 목청을 높이는 행복한 개구리입니다.

희망이 언제나 당신을 응원할 것이므로.

송진구dream

모든 것이 불가능한 것처럼 보일 때 기적은 나타난다!

실의에 빠진 친구에게 전하는 격려의 메세지, "걱정하지마, 다 잘 될거야!"

쓰레기 더미에서 피어난 꽃. 세상 사람들은 케냐의 '지라니 어린이합창단'을 그렇게 부른다. 나이로비 외곽의 '고로고초'라는 이름이 붙여진 슬럼가 출신인 그들은 당장 먹을 것이 없어 쓰레기 더미를 뒤져야 하고, 공부를 하고 싶지만 학교 문턱에도 가볼 수 없었다. 그들에게 '음악'이란 말은 삶과 전혀 무관한 단어였다.

그런 열악한 환경 속에서 '지라니 어린이합창단'은 탄생했다. 그들의 공연 테마가 바로 '하쿠나 마타타' 였다. '모든 것이 불가능한 것처럼 보일 때 기적은 나타난다.' 그들은 노래를 통해 관객들에게 이 말을 전하고 싶었는지도 모른다.

가난과 실직으로 절망한 한 젊은이가 성공의 길을 찾아가는 과정을 그리고 있는 이 책은 피곤한 일상 속에서 자신의 꿈을 잃고 살아가는 독자들에게 삶에 대한 용기와 희망을 불어넣어줄 것이다.

Hakuna Matata

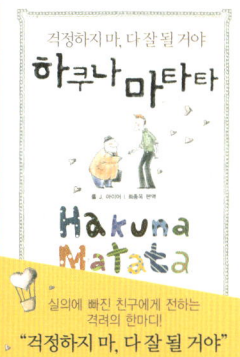

걱정하지마, 다 잘 될거야
하쿠나 마타타

폴 J, 마이어 지음 | 최종옥 편역
사륙판(올컬러) | 184쪽 | 값 12,000원

'하쿠나 마타타'는 동부 아프리카에서 쓰이고 있는 스와힐리어로 '걱정하지 마, 다 잘 될 거야' 라는 뜻을 담고 있다.

지금 이 순간 내게 가장 필요한 건 뭘까?

"평범한 사람은 자기 자신이 가지고 있는 잠재능력의 단 10%만 활용하고 있을 뿐이다."

세계적인 동기부여가 앤서니 라빈스가 뉴욕의 메디슨 스퀘어 가든에서 2만여 명의 청중을 감동시켰던 강연의 핵심은 바로 이 한마디였다. '어떻게 하면 삶을 보다 열정적으로 살 수 있을까' 라는 주제로 진행된 이 강연을 통해 그는 8백만 달러가 넘는 수입을 올렸다.

미국의 한 지방 방송국 리포터 출신인 그가 수많은 사람들에게 '성공의 키워드'를 전달하는 메신저로서 세계적인 명성을 누릴 수 있었던 비결은 삶에 대한 열정과 호기심이었다. 그는 리포터로 일하는 동안 다른 사람들의 인생에 관심을 갖기 시작했다. 그들의 성공, 혹은 실패의 요인이 무엇인지를 분석한 결과 성공한 사람과 실패한 사람의 차이는 백지 한 장 차이라는 사실을 발견했다.

대부분의 사람들은 아는 길로만 가려는 습성이 있다. 자신이 가보지 않은 길, 이제껏 경험해보지 못한 일에 대해선 선뜻 걸음을 내딛으려고 하지 않는다. 마치 우물 안의 개구리처럼 말이다.

신념을 가진 사람은 자신의 능력을 의심하지 않는다. 이 책에서 주인공 피터는 선택의 기로에 설 때마다 주저하거나 머뭇거리지 않고 소신껏 행동한다. 그의 대답은 언제나 'YES'였고, 시작은 항상 '지금'이었다.

"다른 무엇이 더 필요한 게 아니오.
당신이면 충분해요. 당신이 그 모든 것을 다 가지고 있단 말이오.
스스로 방법을 찾아내세요…."
— 피터, 희망으로 삶을 일으키다(본문 中에서)

전달자 폴 J. 마이어

"목표 설정을 통해 성공에 이른다"라는 원리를 보험 세일즈 분야에 적용하여 27세에 백만장자가 되었다. 교육, 컴퓨터, 소프트웨어, 금융, 부동산, 인쇄, 제조, 항공 등 40여 개가 넘는 회사를 운영하고 있으며, 인재교육기관 LMI(Leadership Management International Inc.)의 설립자이기도 하다. 그가 만든 교육프로그램은 세계 70여 개국에서 23개 언어로 번역, 배포되어 수많은 사람들의 삶을 변화시켰다. 저작물과 기록물만으로 20억 달러가 넘는 수익을 창출해낸 그는 자기계발 분야의 살아있는 전설이다.